City Lofts
Lofts en la ciudad

City Lofts
Lofts en la ciudad

MONTSE BORRÀS

CITY LOFTS
LOFTS EN LA CIUDAD
Copyright © 2007 Instituto Monsa de Ediciones, S.A

Director: Josep Mª Minguet
Monsa's art director / Dirección de arte Monsa: Patricia Martínez
Monsa's layout / Maquetación Monsa: Patricia Martínez

Project / Realización: Equipo Loft Publications
Editorial coordination / Coordinación editorial: Catherine Collin
Editor and texts / Edición y textos: Montse Borràs
Art director / Directora de arte: Mireia Casanovas Soley
Design / Diseño gráfico: Emma Termes
Layout / Maquetación: Zahira Rodríguez Mediavilla

© INSTITUTO MONSA DE EDICIONES, S.A.
Gravina, 43
08930 Sant Adrià de Besòs
Barcelona
Tel.: +34 933 810 050
Fax: +34 933 810 093
www.monsa.com
monsa@monsa.com

ISBN 10: 84-96429-69-5
ISBN 13: 978-84-96429-69-7
D.L B-20493-07

Printed by / Impreso por GRÁFICAS DOMINGO

Introduction / Introducción

In an age of space flexibility, the concept of the loft has, for a long time, dominated the world of residential architecture and the design of interiors. Since half a century ago, when industrial spaces started being renovated in large western cities, the notion of a home being conceived as spatially continuous has taken root among more and more sections of the population.

On discovering a garage, a workshop or an old warehouse in which to live and very often to work and be creative, artists and professionals or less conventional spirits found their own space, open and bare, which they adapted to their personal needs.

Today, we no longer have to look for a loft, «it comes to us». Many newly built homes are projected as open spaces with insinuated divisions for communal areas, although the private areas are still physically divided. The need for independence and privacy in family or shared homes makes it difficult to establish absolute continuity. Through the work of some of the world's most prestigious architects, this book shows diverse examples of how the concept of the loft has been installed in our perception as a place to live.

If a loft had always previously consisted of the renovation of an industrial space with enormous windows, iron pillars and high ceilings, today single-family homes are conceived with almost exactly the same characteristics, and even for families to live in. The innovation can be found in the resources and strategies architects and designers employ to isolate areas of private and individual use without needing to create partitions in the space. Glass or perspex panels, designed to be both doors and walls, mezzanines, jumps in level and volumes that form part of the space itself all serve to create the desired isola-

En la era del espacio flexible, el concepto de loft hace tiempo que domina en el universo de la arquitectura residencial y del diseño de interiores. Desde que hace ya medio siglo se empezaran a habilitar espacios industriales en las grandes ciudades occidentales, la noción de vivienda concebida como una continuidad espacial se ha ido arraigando en segmentos cada vez más amplios de población.

Al descubrir un almacén, un taller o una antigua nave industrial para habitarlo y muy a menudo también para trabajar y crear, los artistas y profesionales o los espíritus menos convencionales encontraban su propio espacio, abierto y desnudo, que adaptaban a sus necesidades personales.

En la actualidad, ya podemos decir que el loft no hay que ir a buscarlo sino que «viene a nosotros». Muchas de las nuevas viviendas que se construyen se proyectan como espacios abiertos con zonas comunes diferenciadas, si bien las áreas privadas siguen estando compartimentadas. La necesidad de independencia y privacidad en viviendas familiares o compartidas dificulta el poder establecer un continuo absoluto. A través de los trabajos de algunos de los más prestigiosos arquitectos del momento, este libro muestra diversos ejemplos de cómo el concepto de loft se ha instalado actualmente en nuestra percepción de lugar para vivir.

Si antes un loft consistía siempre en la renovación de un espacio industrial de enormes ventanales, pilares de hierro y techos de gran altura, hoy se conciben casas unifamiliares con características sumamente parecidas, incluso para ser habitadas por familias. La innovación se halla, pues, en los recursos y estrategias que utilizan arquitectos y diseñadores para aislar zonas de uso privado e individual sin necesidad de crear particiones en el espacio. Paneles de cristal o plexiglás, tejidos que se convierten en puertas o paredes, entrepisos, saltos de nivel y

tion. In the same way, we see how it is possible to make use of objects, generally reserved for private areas such as bathrooms. Baths, sofas or even beds can become natural boundaries between the communal spaces and the individual or intimate ones.

Due to the current price of living spaces, it is realistic to assume that those who move into a big industrial space or who construct a home with a large surface area in order to create areas which flow one into the other, have the purchasing power to carry out work of a substantial size. The examples we present offer options of a different nature in economic terms. However it is interesting to note how the industrial shell that surrounds many of these homes is always valued both by those designing them and those who are to live there afterwards. Concrete, iron and other elements such as piping, metal beams or ventilation shafts are left exposed, even when the existing construction is covered in new materials.

On occasion the space is barer as the needs vary depending on the living situation or the time of day. The open surfaces help to create a sensation of fluidity and movement, but added uses have to be given to a single space to make it more versatile. Mobile furnishings or sliding walls provide us with flexible spaces, multiplying their usefulness, and prevent them from having just a single function.

In this way, with an ever-increasing range of organizational and creative possibilities, and thanks to the constantly changing needs and the new materials offered to us by technology, we can affirm that this relatively new type of home truly represents the essence of what people are looking for in a house today.

volúmenes que forman parte de la misma obra sirven para crear el aislamiento necesario. Del mismo modo, es posible valerse de objetos generalmente reservados a áreas privadas, como bañeras, sofás y camas, que se convierten en frontera natural entre los espacios comunes y las zonas individuales o íntimas.

Debido al precio actual de los espacios habitables, es realista asumir que quienes se instalan en un gran espacio industrial o construyen una vivienda de gran superficie para crear distintas zonas fluidas, tienen un poder adquisitivo que permite realizar acciones de cierta envergadura. La muestra que presentamos ofrece opciones de distinta índole en cuanto a lo económico. Sin embargo, es interesante observar cómo el cascarón industrial que muchas veces envuelve estas viviendas no deja de ser apreciado tanto por quienes las proyectan como por aquellos que luego las habitan. El hormigón, el hierro, el acero u otros elementos como tuberías, vigas metálicas o salidas de humos quedan al descubierto, incluso en los casos en los que la construcción existente se reviste con materiales nuevos.

En ocasiones, el espacio es más escaso y las necesidades varían según la situación vital o el momento del día. Las superficies abiertas contribuyen a crear sensación de fluidez y movimiento, pero se hace necesario poder otorgar usos añadidos a un mismo espacio, hacerlo versátil. Las piezas móviles de mobiliario o los cerramientos deslizantes nos proporcionan espacios flexibles que multiplican su utilidad, e impiden que se les otorgue una única función exclusiva.

De este modo, con un abanico de posibilidades de organización y creación cada vez mayor, y gracias a las necesidades siempre cambiantes o a los nuevos materiales que nos aporta la tecnología, podemos afirmar que esta tipología de vivienda relativamente nueva representa la esencia de la casa del hombre actual.

Orange Grove

PUGH & SCARPA

Situated in an area dominated by single-family bungalows, this building composed of two homes is integrated into the surroundings, even though it differs in scale and in the palette of materials used in the construction. Cubic forms have won over the traditional pitched roofs of the area. The innovative concept of the building reflects the eclectic and unconventional character of a very cosmopolitan area. A link with the urban exterior is established by generously transforming a large part of the front façade into windows and balconies, whose shapes and volumes form interesting combinations. The windows become an abstract element as they are inserted between the different sections of the building. The large block has been divided inside, transforming into units on a human scale. Bodies, which have an interior-exterior correspondence, help to define the different functions of the spaces of the house –characterized by the integrated surfaces–, due to the will to create large and fluid spaces where the light and the use of industrial materials dominate.

Situado en una zona donde predominan las construcciones unifamiliares del tipo *bungalow*, este edificio compuesto por dos viviendas se integra en el entorno, aunque difiere en la escala y en la paleta de materiales utilizados en la construcción. Se ha decidido destacar las formas cúbicas por encima de las tradicionales cubiertas inclinadas típicas de la zona, de modo que el concepto innovador del edificio refleja el carácter ecléctico y poco convencional de una zona muy cosmopolita. Se ha establecido un vínculo con el exterior urbano al transformar con generosidad gran parte de la fachada frontal, creando ventanales y balcones cuyas formas y volúmenes juegan entre sí. Las ventanas se insertan entre las diferentes secciones del edificio y se convierten en un elemento abstracto. El gran bloque ha sido fragmentado en su interior, transformándose en unidades a escala humana. Los cuerpos establecen una correspondencia interior-exterior que contribuye a definir las funciones de los espacios de la casa –caracterizados por las superficies integradas–, partiendo de la voluntad de habitar espacios amplios y fluidos en los que predomine la luz y los materiales industriales.

Location: West Hollywood, CA, USA | **Date of construction:** 2005 | **Surface Area:** 620 m² | **Photographer:** Marvin Rand
Ubicación: West Hollywood, California, EE UU | **Fecha de realización:** 2005 | **Superficie:** 620 m² | **Fotografía:** Marvin Rand

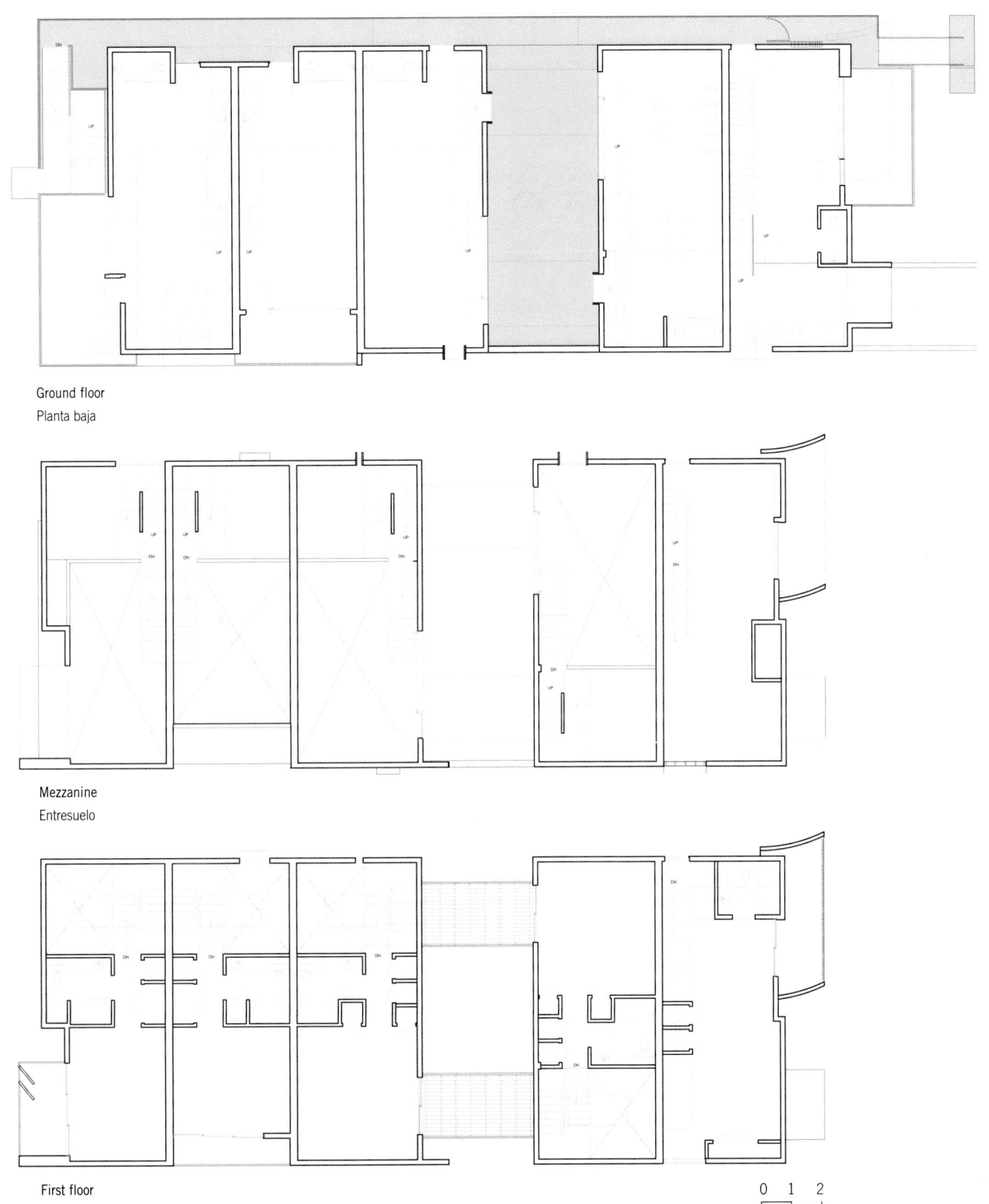

Ground floor
Planta baja

Mezzanine
Entresuelo

First floor
Primera planta

0 1 2

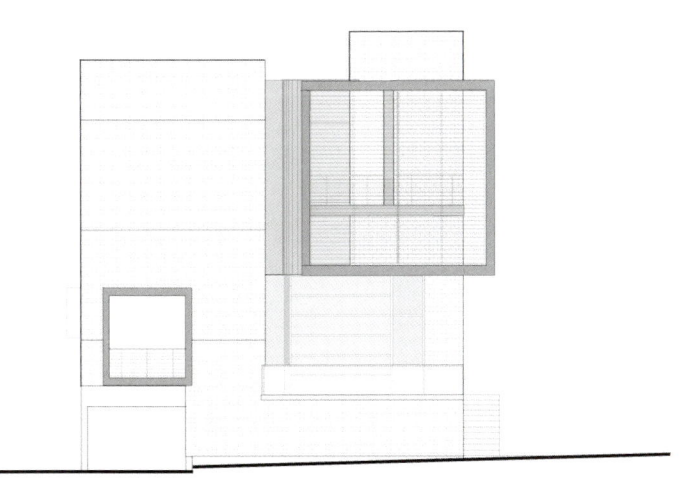

Elevation east

Alzado este

Elevation west

Alzado oeste

0   2   4

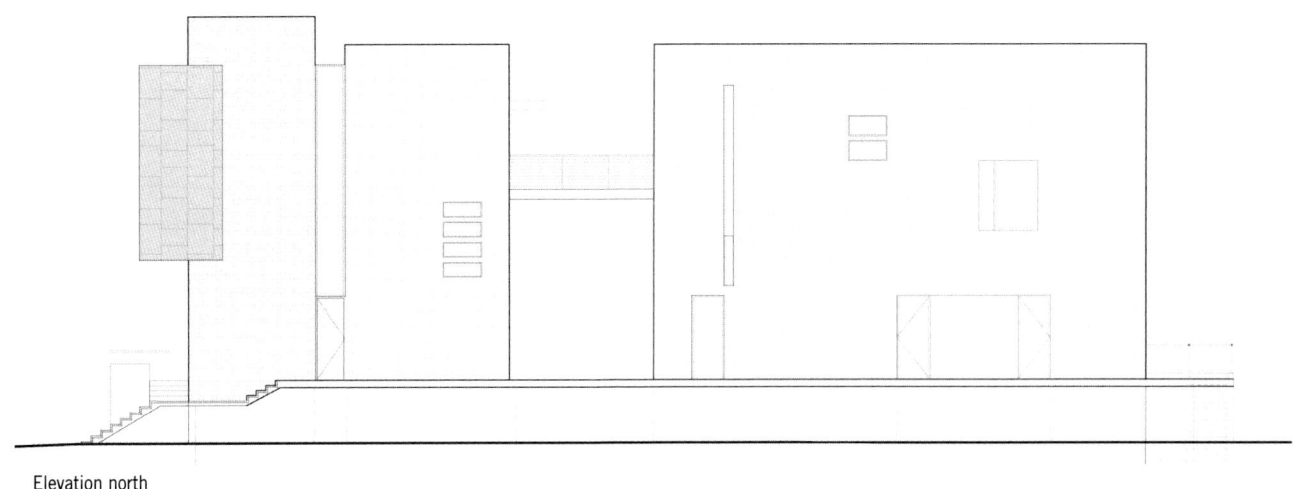

Elevation north

Alzado norte

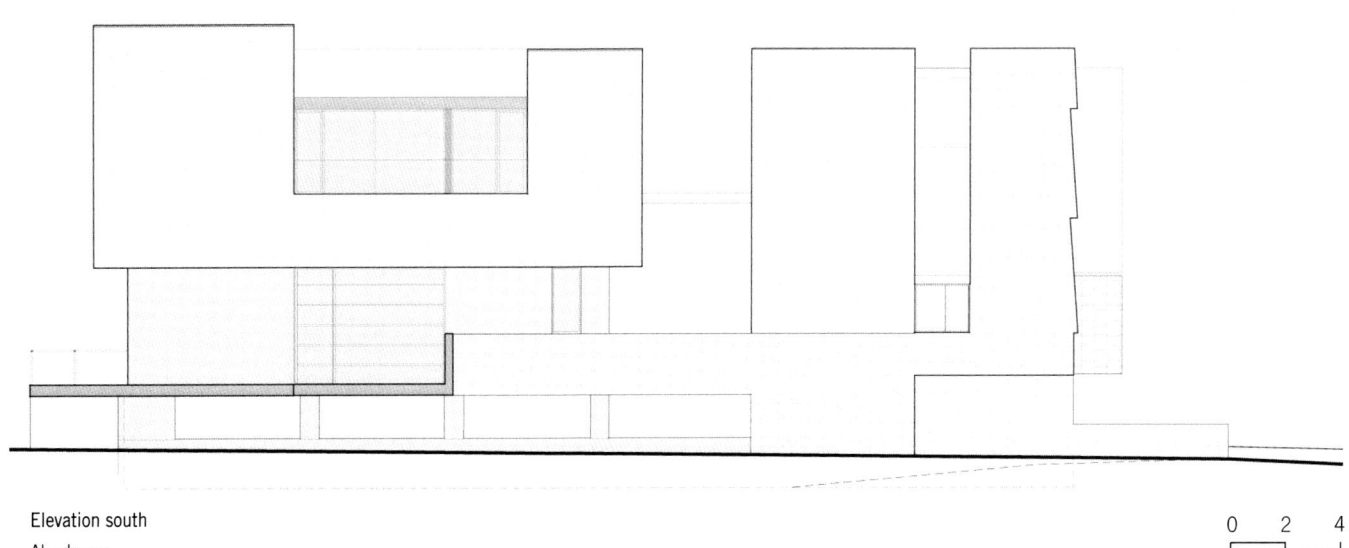

Elevation south

Alzado sur

0 2 4

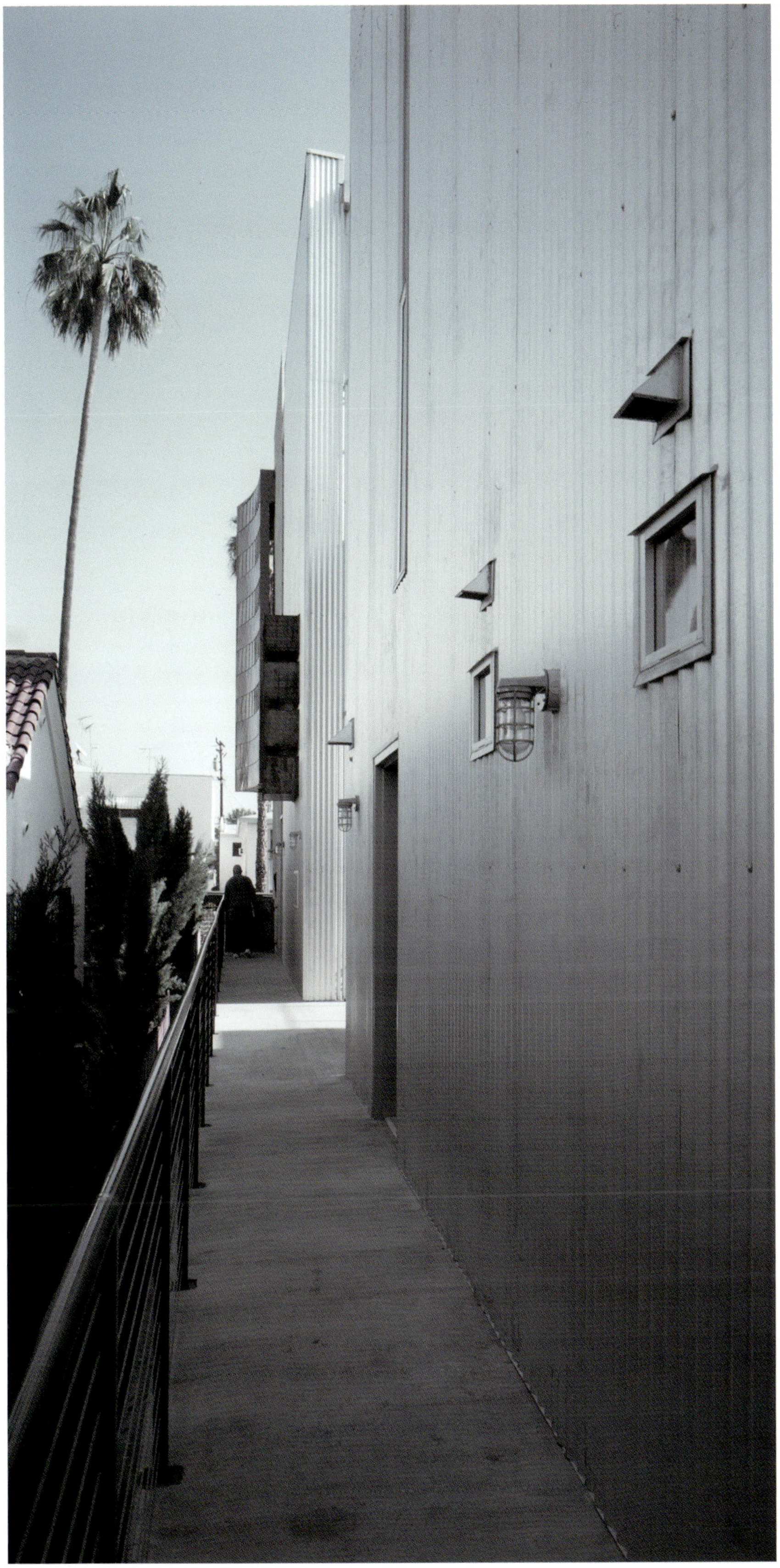

TIRE
SERVICE
1010
TUNE UPS TRANSMISSION ENGINE

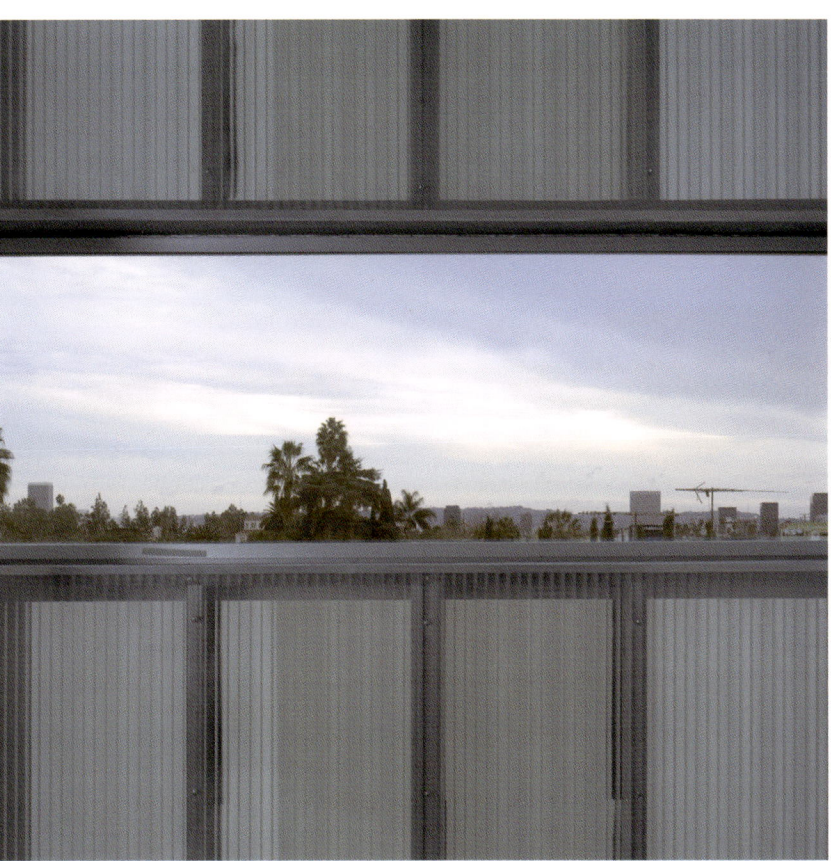

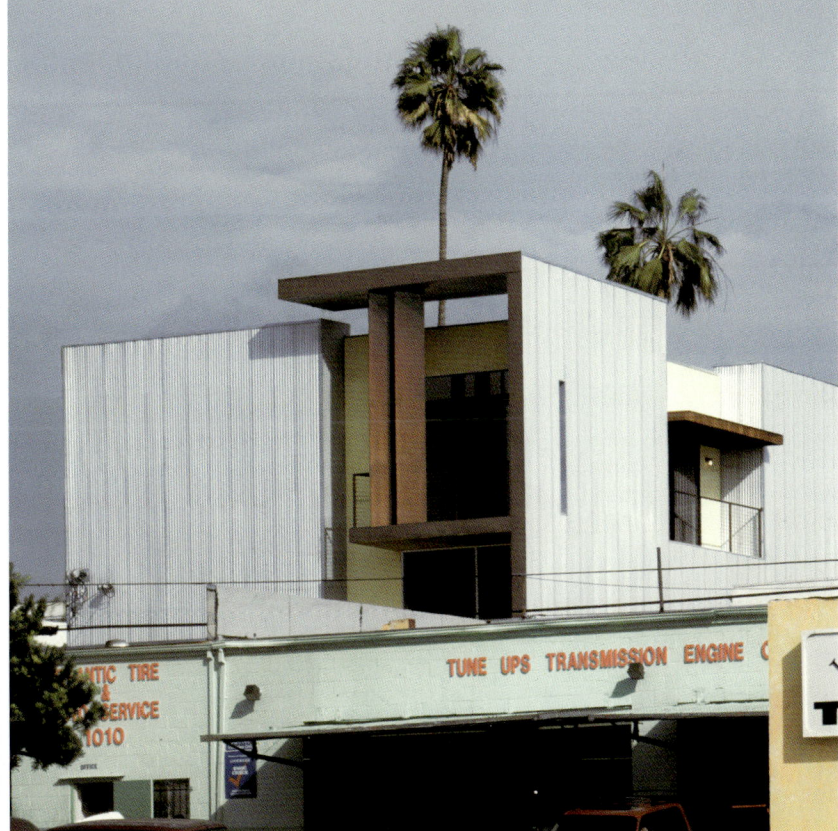

Warehouse Conversion
Loft en la bahía de Melbourne

GREG GONG

Celebrating and emphasizing this building's industrial past has been the prime concept around which this project has been developed. To do this, the original walls, pillars and ceilings have been maintained, separating the new elements from the old ones in such a way that the past wraps around the present. The wall backing onto the quays, however, was torn down, and substituted by a large window and a glass frameless balustrade, which multiplies the amount of light inside and provides generous views of the bay.

The architects looked for solutions to maximize the storage space and, thanks to the amount of space available, a white wooden cupboard has been built that runs the length of the floor, thirty feet of which belong to the kitchen. This cupboard is fully integrated into the building as part of the interior architecture. The flooring of the living areas has been covered in white epoxy to enhance the luminosity of the space. The fireplace has been closed by a sheet of heat molded steel, which reminds us of the building's past, and the worktop and the white on both sides combine the unpolished concrete with another polished one with a black finish. In the bedroom and the bathrooms recycled wood has been used, which unifies and brings warmth to these areas.

El concepto principal alrededor del cual se ha desarrollado este proyecto ha sido celebrar y enfatizar el pasado industrial del edificio. Para ello, se han mantenido los muros, pilares y cubierta originales, separando los nuevos elementos de los antiguos de manera que el pasado envuelva el presente. Sin embargo, se ha eliminado la pared que daba a los muelles, y ha sido sustituida por un gran ventanal y una balaustrada de cristal sin marco, lo que multiplica la luz en el interior y permite disfrutar de amplias vistas a la bahía.

Se han buscado soluciones para maximizar el espacio de almacenaje y se ha construido un armario de madera blanca que recorre la planta en su longitud, del cual diez metros pertenecen a la cocina. Este armario está plenamente integrado en el edificio como parte de la arquitectura interior.

En las zonas de estar se ha pavimentado el suelo con epoxi blanco para resaltar la luminosidad y se ha colocado una lámina de acero moldeado en caliente sobre la chimenea, recordando el pasado industrial del edificio. Esta última se apoya sobre un banco que combina hormigón sin pulir con hormigón negro pulido. Se ha empleado madera reciclada en la habitación y en los baños, que unifica y proporciona calidez a estas zonas.

Location: Melbourne, Australia | **Date of construction:** 2004 | **Surface Area:** 220 m² | **Photographer:** John Gollings
Ubicación: Melbourne, Australia | **Fecha de realización:** 2004 | **Superficie:** 220 m² | **Fotografía:** John Gollings

The new industrial materials within a domestic context emphasize this building's past. The epoxy floor in the kitchen and living area create a bright atmosphere.

En un contexto doméstico, los nuevos materiales industriales enfatizan el pasado del edificio. El suelo de epoxi crea una atmósfera brillante en la cocina y en la sala de estar.

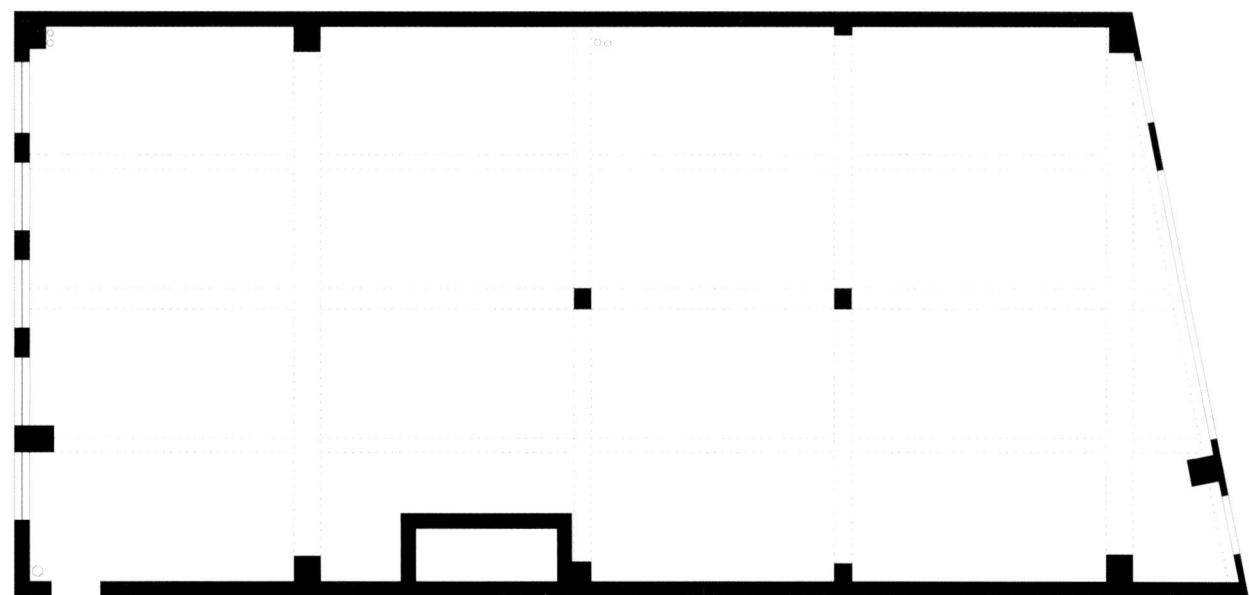

Previous plan

Planta original

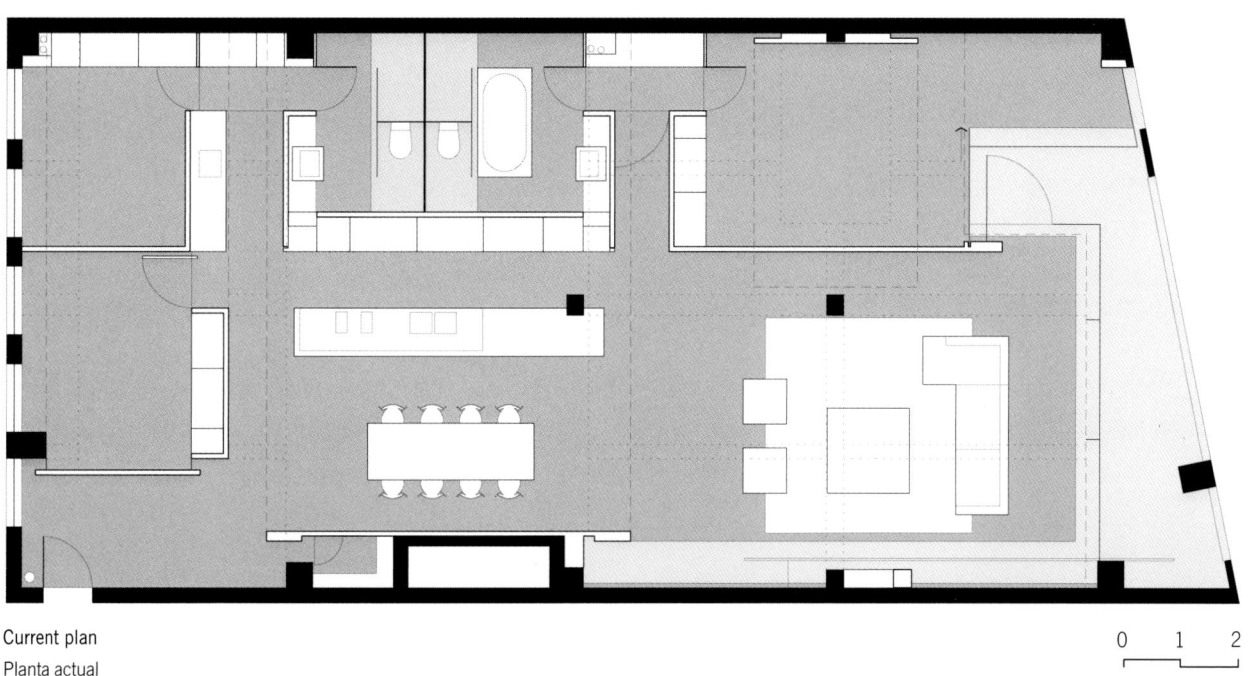

Current plan

Planta actual

0   1   2

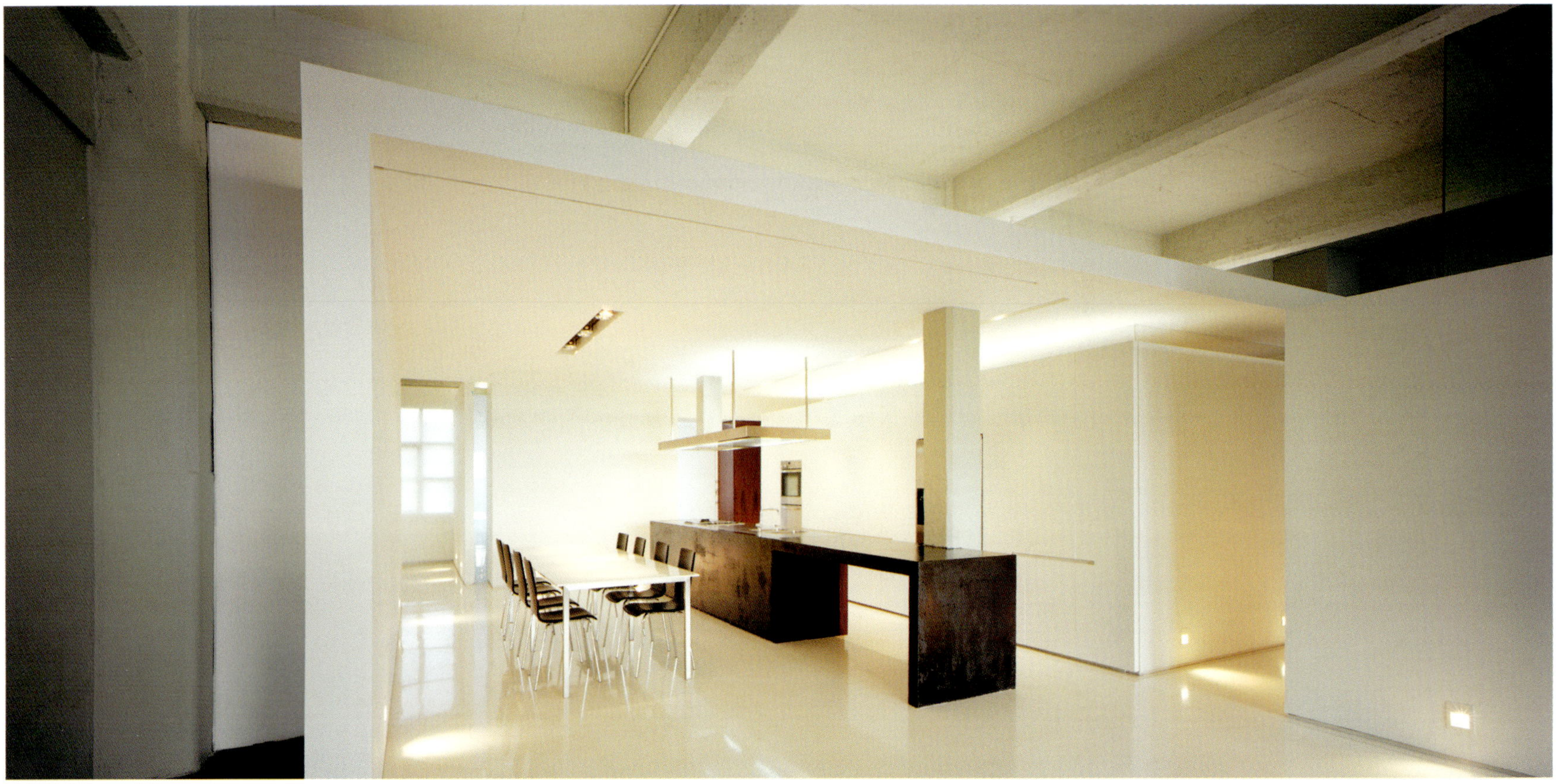

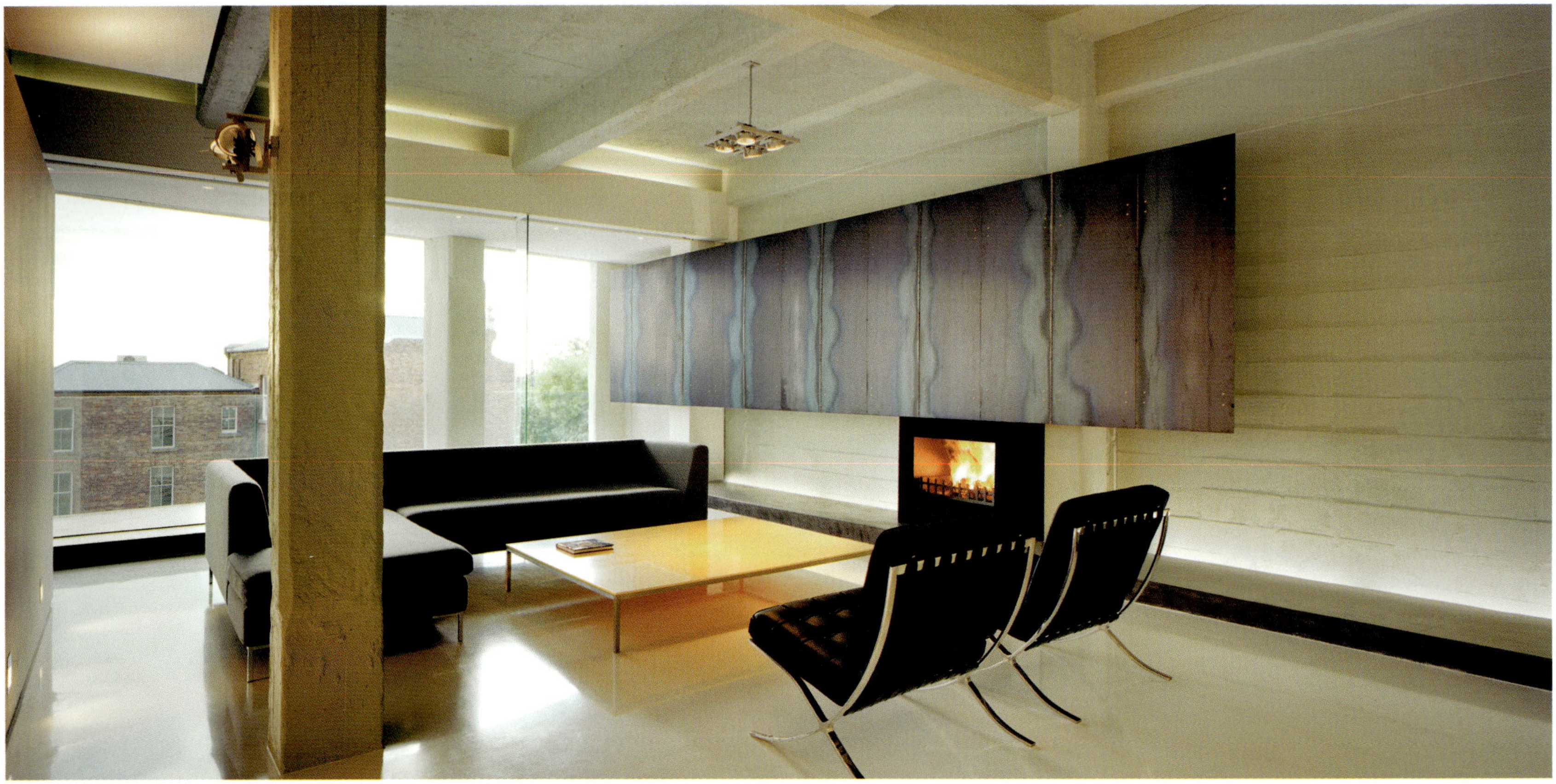

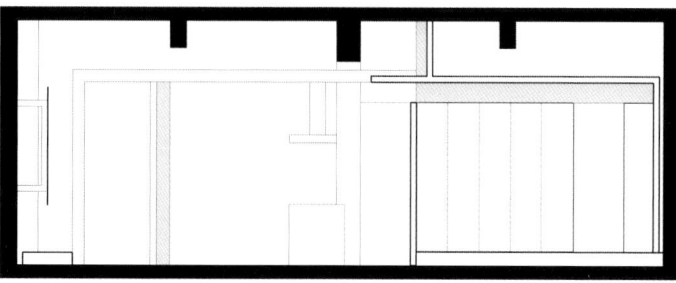

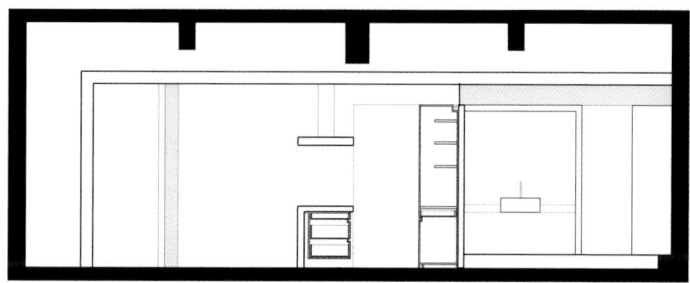

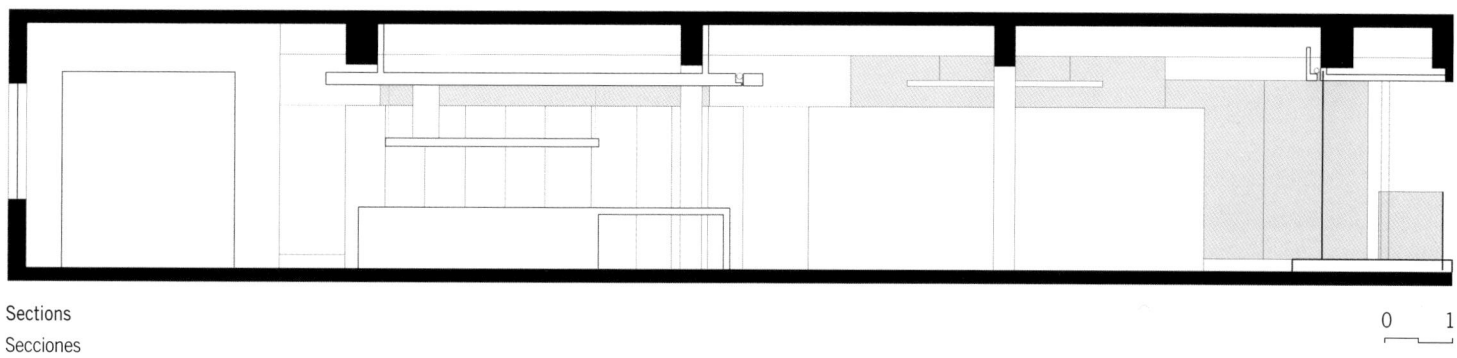

Sections
Secciones

0   1

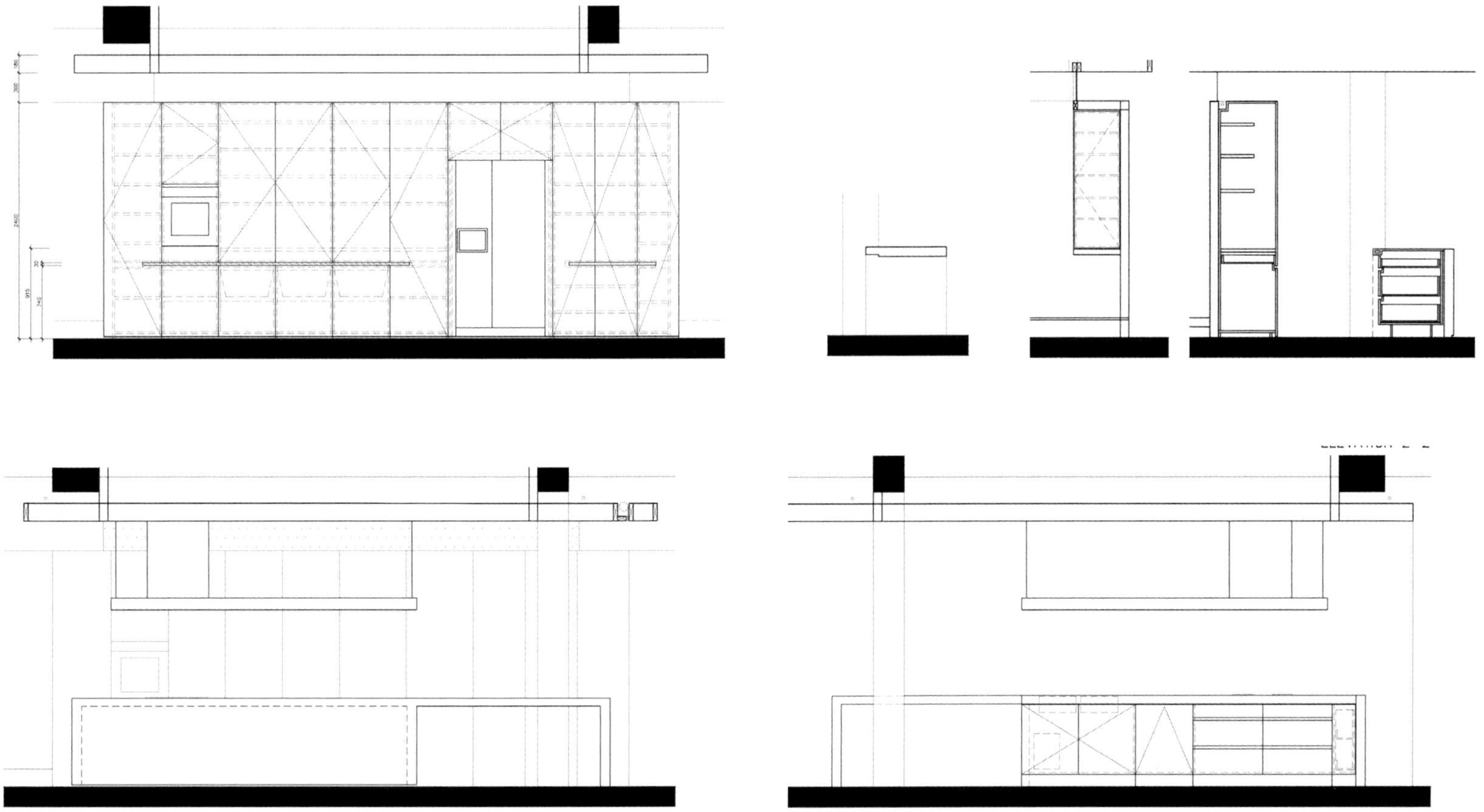

Elevations

Alzados

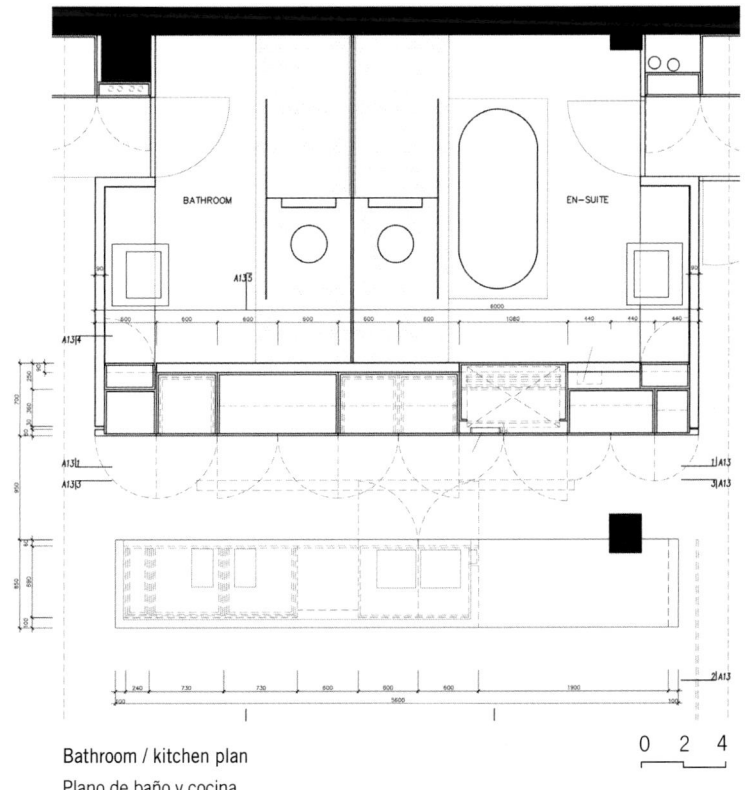

Bathroom / kitchen plan

Plano de baño y cocina

0 2 4

Attic in Columbus Circle
Ático en Columbus Circle

STUDIO GAIA

This attic is situated on the top floor of a 71-story skyscraper located in a central area of the city of New York, close to Central Park. The renovation of the apartment was to transform a two-story attic into a home and place of rest and inspiration for an artist. For this purpose, to start with materials were found which could create harmonious combinations, and which would provide a homogenous effect together with the imposing views that can be admired from the large windows in the living room and second floor terraces. Travertine marble was chosen for the floor of the ground floor and limestone in the same shade for the walls and ceiling of the kitchen, separated from the living area by just a thick curtain, providing the space with a theatrical atmosphere.

The walnut planks set flush to the floor increase the warmth and create different areas within the same space. The same material has been used for the steps of the sober cantilever staircase, which leads to the second floor. Warm and intimate lighting has been installed in both areas. The open-plan spaces of the ground floor become cozy corners in the private area, compensated by the large terrace, which offers an alternative meeting space for eating and resting.

Este ático está situado en la última planta de un rascacielos de setenta y un pisos que se encuentra en una zona céntrica de la ciudad de Nueva York, cerca de Central Park. La renovación de la vivienda consistió en transformar un ático de dos plantas en vivienda y lugar de descanso e inspiración para un artista. Para este fin, se buscaron materiales que pudieran crear combinaciones armónicas, que proporcionaran un efecto homogéneo junto con las imponentes vistas que se aprecian desde las grandes ventanas de la sala de estar y las terrazas de la segunda planta. Se eligió mármol travertino para el suelo de la planta baja y piedra caliza del mismo tono para los muros y el techo de la cocina, separada de la zona de estar únicamente por una espesa cortina.

Mediante tarimas de nogal colocadas a ras de suelo se consiguió calidez y se crearon zonas distintas dentro de un único espacio. También se empleó este material para los peldaños de la escalera en voladizo que conduce a la segunda planta. Se ha potenciado una iluminación cálida e íntima en ambas zonas. Los espacios diáfanos de la planta baja se convierten en rincones acogedores en la zona privada, compensados con la gran terraza que ofrece un espacio alternativo de reunión para comer y descansar.

Location: New York, NY, USA | **Date of construction:** 2006 | **Surface Area:** 174 m² | **Photographer:** Moon Lee
Ubicación: Nueva York, EE UU | **Fecha de realización:** 2006 | **Superficie:** 174 m² | **Fotografía:** Moon Lee

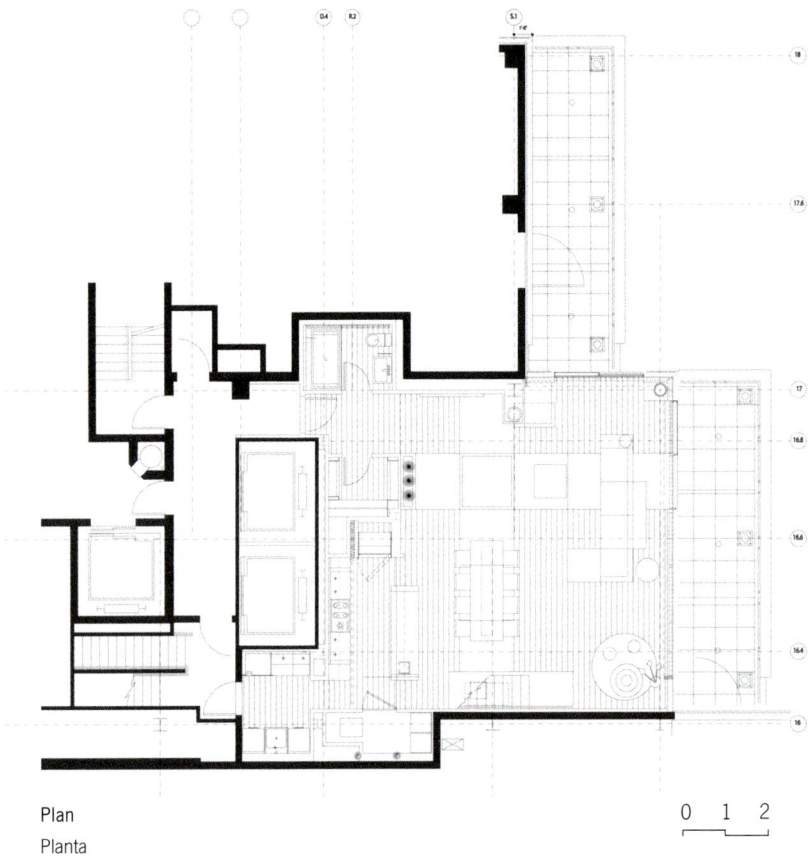

Plan
Planta

0   1   2

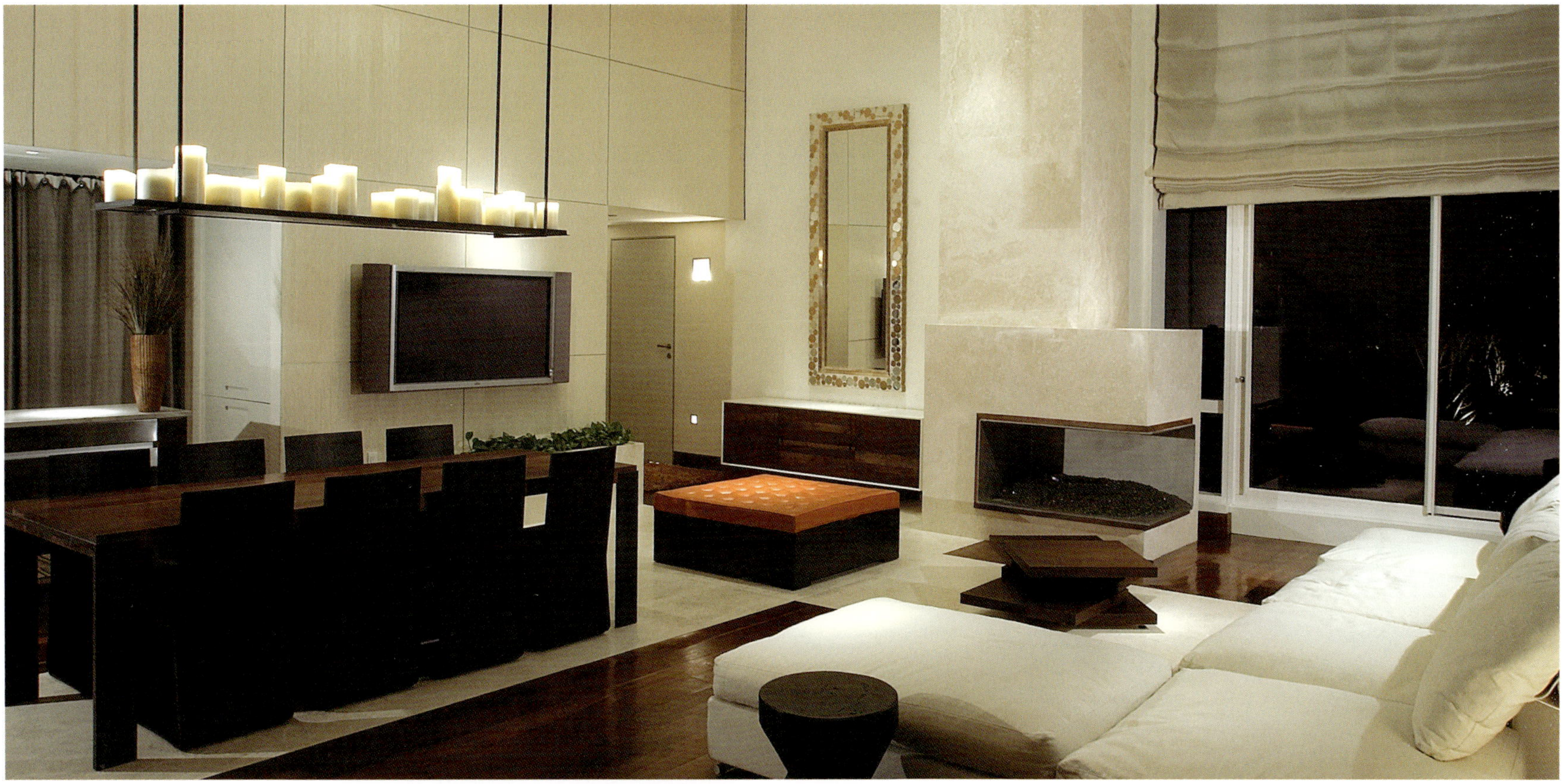

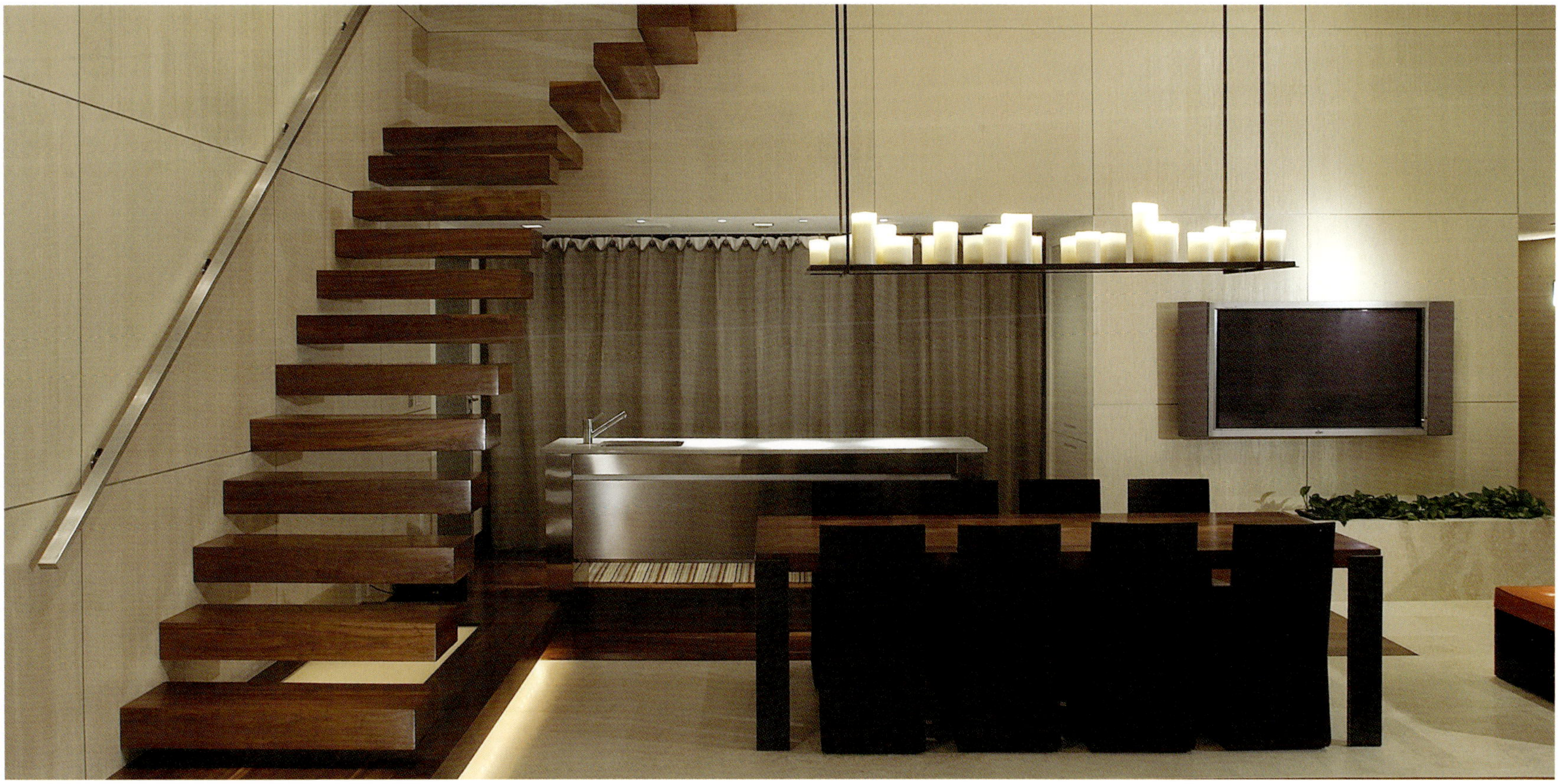

Rendering

To create a visual connection between the two floors a glass platform has been installed at the end of the stairs. The two passageways lead directly to the large windows of the main bedroom and the reading area.

Para crear una conexión visual entre las dos plantas se ha instalado una plataforma de cristal al final de la escalera. Los dos pasillos conducen a los grandes ventanales del dormitorio principal y del área de lectura.

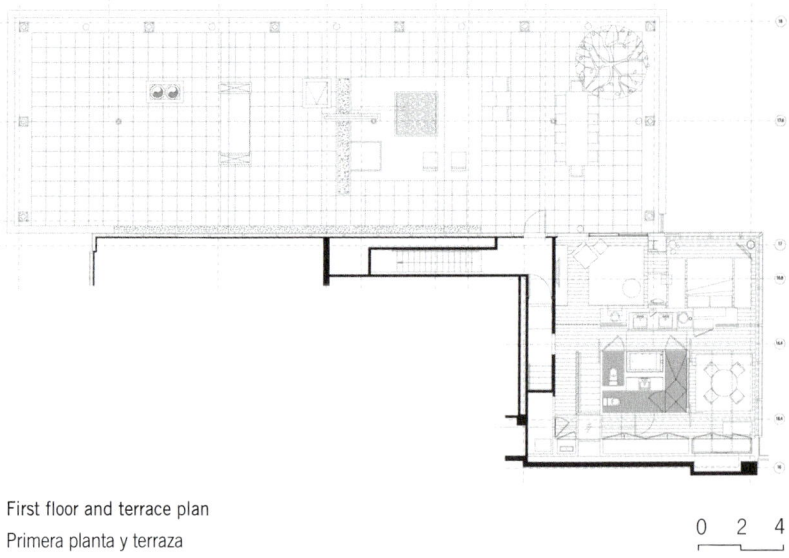

First floor and terrace plan
Primera planta y terraza

0   2   4

To eliminate the need for adding small pieces of furniture, a niche has been opened in the wall behind the bed, thus creating a platform, which acts as a bedside table.

Para no tener que colocar muebles pequeños, se ha abierto un hueco en la pared de la cabecera de la cama que puede emplearse como mesilla de noche.

Cavell Loft
Loft Cavell

ORTS ET BALLERIAUX

This project consisted in transforming an old garage, adjacent to a typical house in Brussels, into a two-story loft, open to the garden via a large terrace. The architects worked from the existing volume of the garage to mold a new light space, consisting of three cubes that defined different functions of the home.

The first volume is a curved box, which gives access to the home. It integrates the kitchen, which is accessed through a secluded garden, and a rest space situated on the upper level. In the second body a studio has been situated on the ground floor, and children's bedrooms and a bathroom on the top one. Finally, in the third cube is the living area, the main bedroom and bathroom and a changing room. The latter space was created to give greater intimacy as well as for enjoying a panoramic view of the surrounding garden. A central courtyard and the small Japanese garden offer flexibility to the three volumes and light to the central area of the new building.

Este proyecto consistió en transformar un viejo garaje situado junto a una típica casa de Bruselas en un loft de dos plantas abierto al jardín mediante una gran terraza. Los arquitectos se basaron en el volumen ya existente del garaje para esculpir un nuevo espacio luminoso, compuesto por tres cubos, que definen distintas funciones de la vivienda.

El primero es un volumen curvado que conduce a la vivienda y que integra la cocina, a la que se accede a través de un jardín recogido, y un espacio de descanso situado en el nivel superior. En el segundo cuerpo se situó un estudio en la planta baja, y habitaciones infantiles y un baño en la planta superior. Finalmente, en el tercer cubo se encuentran la zona de estar, el dormitorio y baño principales y un vestidor. En este último espacio se logró preservar la intimidad a la vez que se disfruta de una vista panorámica del jardín circundante.

Un patio central y un pequeño jardín japonés proporcionan flexibilidad a los tres volúmenes y luz a la zona central de la nueva edificación.

Location: Brussels, Belgium | **Date of construction:** 2005 | **Surface Area:** 235 m² | **Photographer:** Laurent Brandajs
Ubicación: Bruselas, Bélgica | **Fecha de realización:** 2005 | **Superficie:** 235 m² | **Fotografía:** Laurent Brandajs

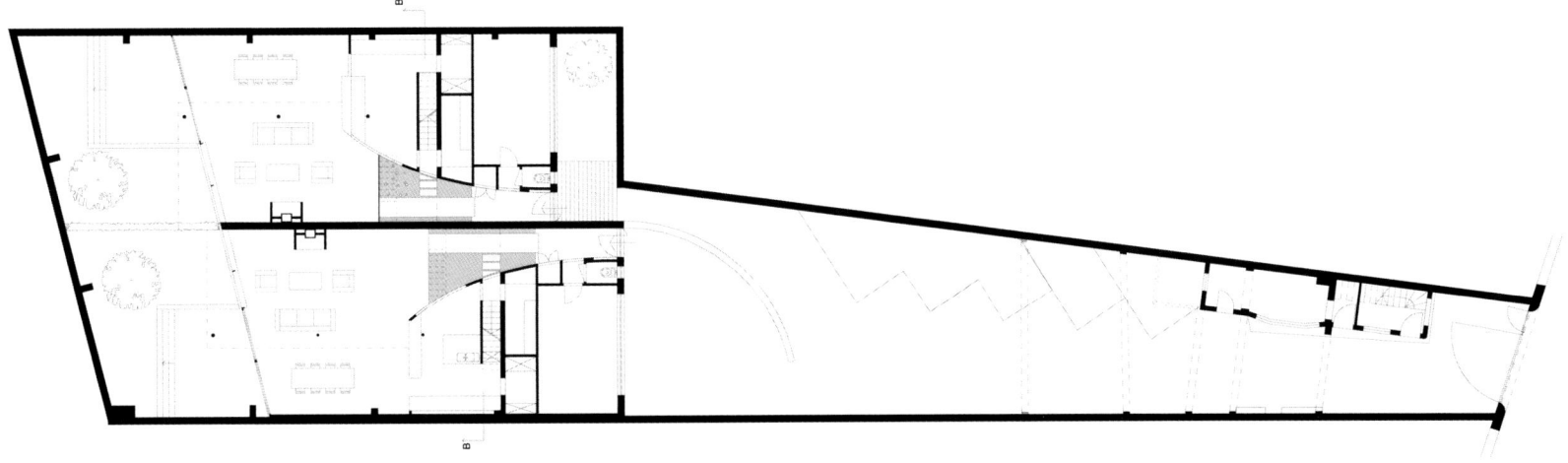

Ground floor

Planta baja

First floor

Primera planta

0 2 4

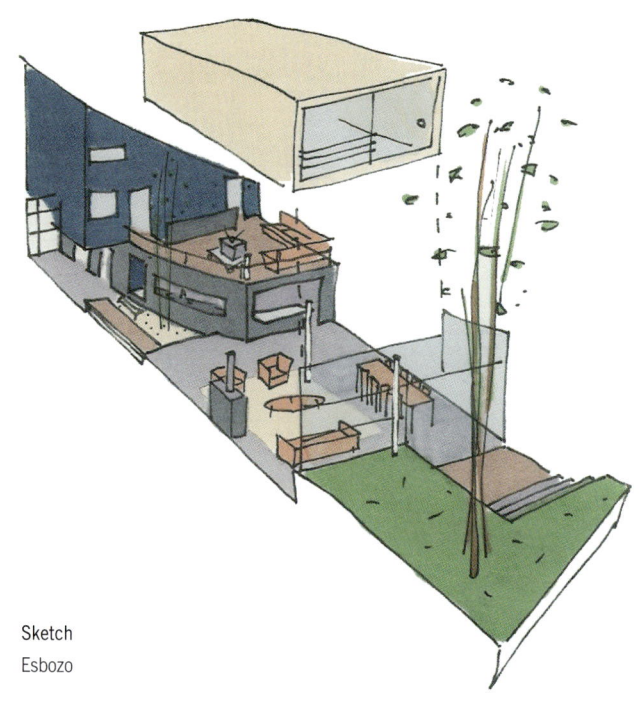

Sketch

Esbozo

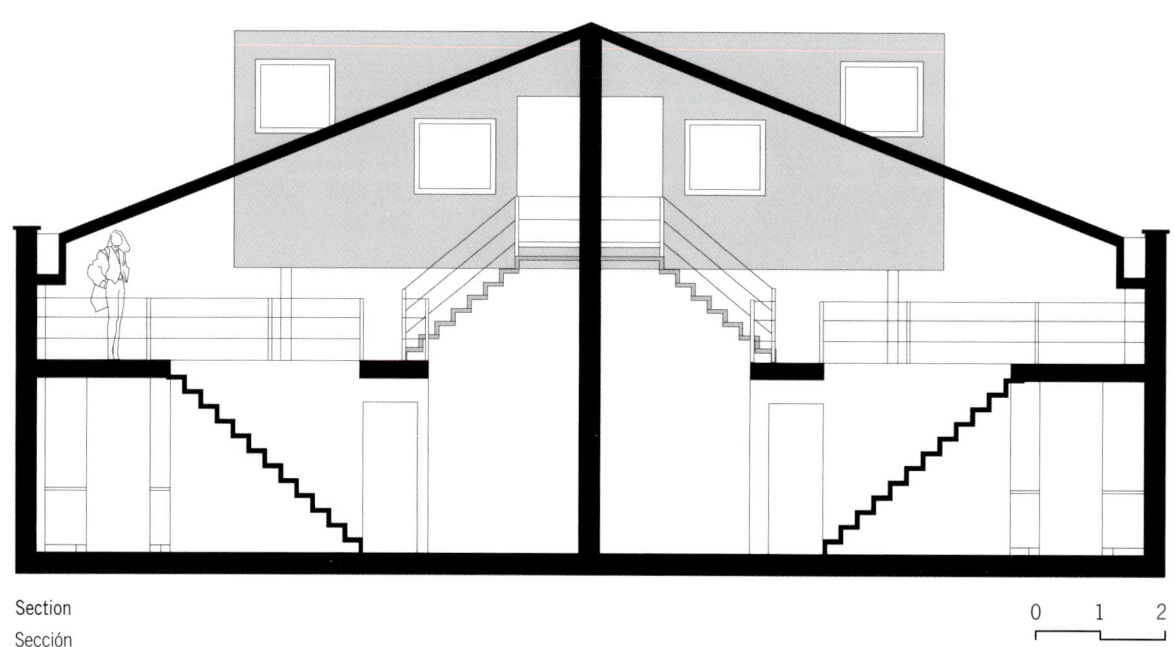

Section

Sección

0   1   2

USED
TOTHI
NKICO

MBONGO YA BA PATRON

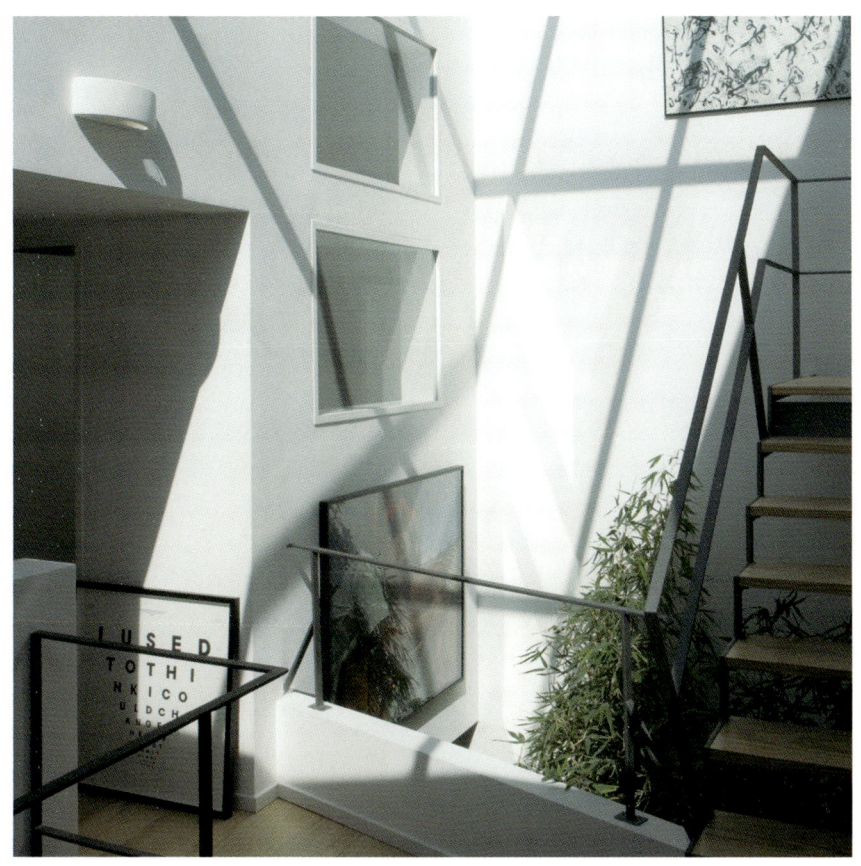

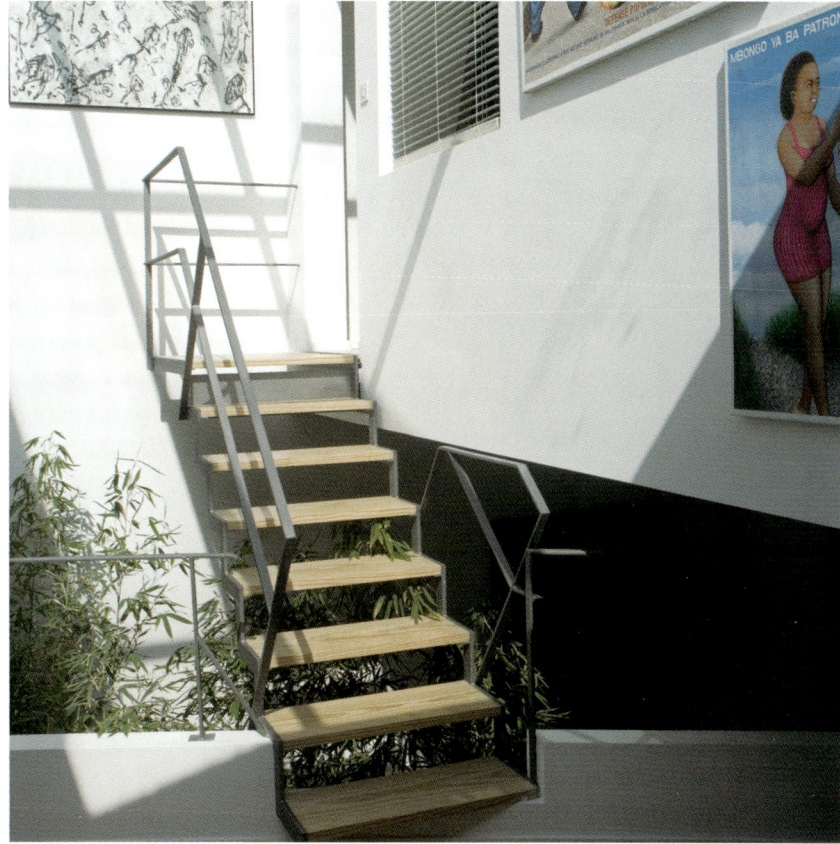

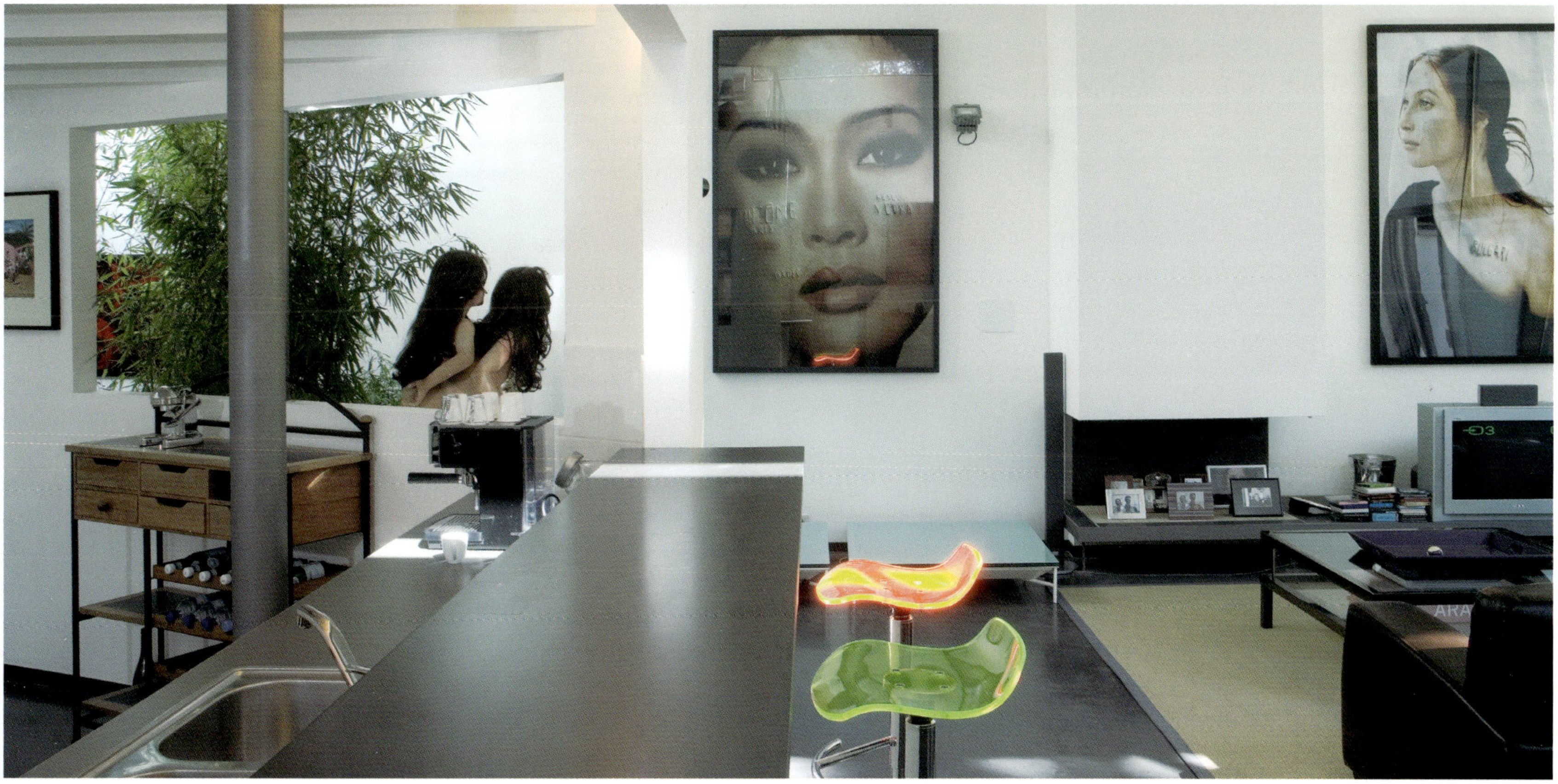

The volume that integrates the kitchen, whose height is lower than the rest of the house, allows for the incorporation of a rest area in the upper part.

El volumen que integra la cocina, de altura inferior al resto de la casa, permite incorporar una zona de descanso en la parte superior, a la que se accede por una escalera.

Lehman Loft
Ático dúplex en Chelsea

CHA & INNERHOFER ARCHITECTURE & DESIGN

This loft occupies the top floor of an old twelve-story factory in an area that combines housing blocks, old warehouses and commercial spaces. The clients wanted a space where they could live and work, preserving and reinforcing the characteristics of the building. In compliance with the professional needs of the client, a recording studio has been installed in the center, which acts as a separating element, dividing the loft into two L-shaped halves, one public and the other private. The first –living area, kitchen and entranceway– is framed by glass sliding panels and mobile furniture. Walls, cupboards and an opaque glass panel separate the private areas –study, bedrooms, bathrooms and changing room–. The wooden and glass staircase that leads to the terrace helps to increase the light entry in the ground floor. Both the installation of artificial light and the entry of natural light have been conceived and projected in accordance with the orientation of the apartment and the way its effect changes throughout the day.

Este loft ocupa la planta superior de una antigua fábrica de doce pisos situada en una zona que combina edificios de viviendas, antiguos almacenes y locales comerciales. Los clientes buscaban un espacio en el que vivir y trabajar preservando y reforzando las características del edificio. Se instaló un estudio de grabación que actúa como elemento de separación, partiendo el loft en dos mitades en forma de L, una pública y la otra privada. La primera –zona de estar, cocina y recibidor– está enmarcada por paneles de cristal correderos y mobiliario móvil. Las áreas privadas –estudio, dormitorios, baños y vestidor– se encuentran separadas por muros, armarios y un panel de cristal opaco. La escalera de madera y cristal que conduce a la terraza contribuye a incrementar la entrada de luz en la planta baja. Tanto la instalación de luz artificial como la luz natural se han concebido y proyectado de acuerdo con la orientación del apartamento y su efecto cambiante a lo largo del día.

Location: New York, NY, USA | **Date of construction:** 2003 | **Surface Area:** 274 m² | **Photographer:** Dao Lou Zha
Ubicación: Nueva York, EE UU | **Fecha de realización:** 2003 | **Superficie:** 274 m² | **Fotografía:** Dao Lou Zha

The kitchen is open to the passageway, so that the windows allow the light entering to reach inside. Both the doors and the modules and panels of the kitchen have been done in wood laminated red.

La cocina está abierta al pasillo y las ventanas permiten que la luz natural penetre hasta éste. Las puertas y los módulos y paneles de la cocina se realizaron en carpintería laminada de color rojo, unificando el espacio.

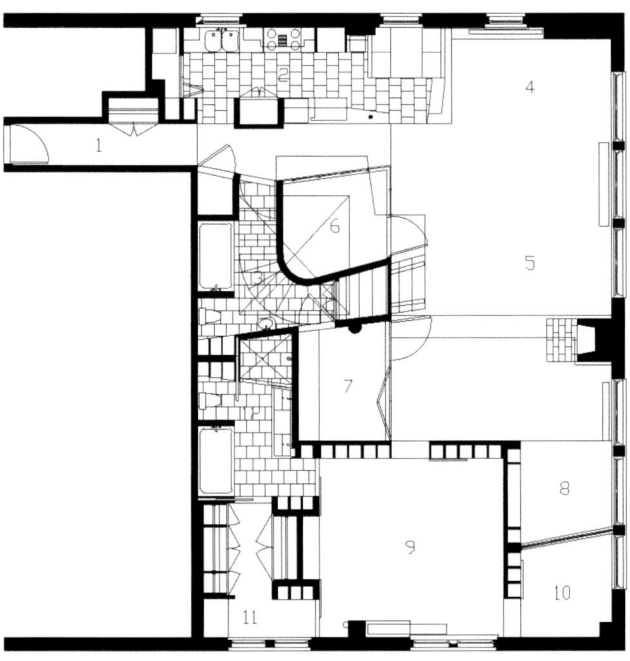

Ground floor
Planta baja

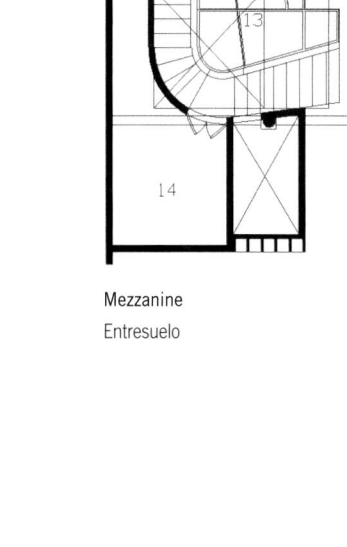

Mezzanine
Entresuelo

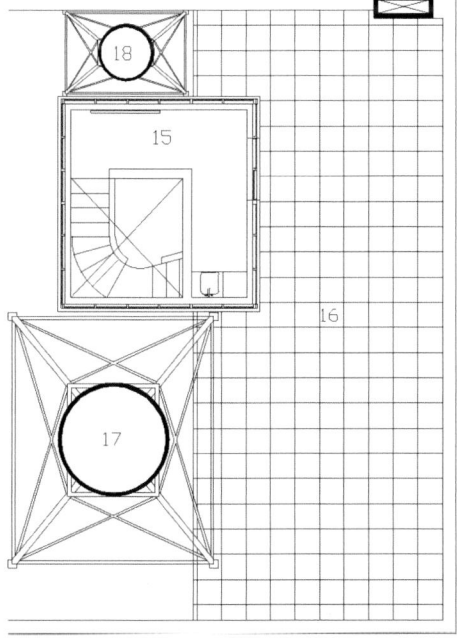

First floor
Primera planta

0 1 2

1. Entrance	10. Studio
2. Kitchen	11. Dressing room
3. Bathroom	12. Main bathroom
4. Dining room	13. Stairs
5. Living room	14. Storage
6. Studio	15. Solarium
7. Bedroom	16. Roof
8. TV	17. Water tank
9. Bedroom	18. Water tank

1. Entrada	10. Estudio
2. Cocina	11. Vestidor
3. Aseo	12. Baño principal
4. Comedor	13. Escaleras
5. Sala de estar	14. Almacén
6. Estudio	15. Solarium
7. Dormitorio	16. Cubierta
8. TV	17. Depósito de agua
9. Dormitorio	18. Depósito de agua

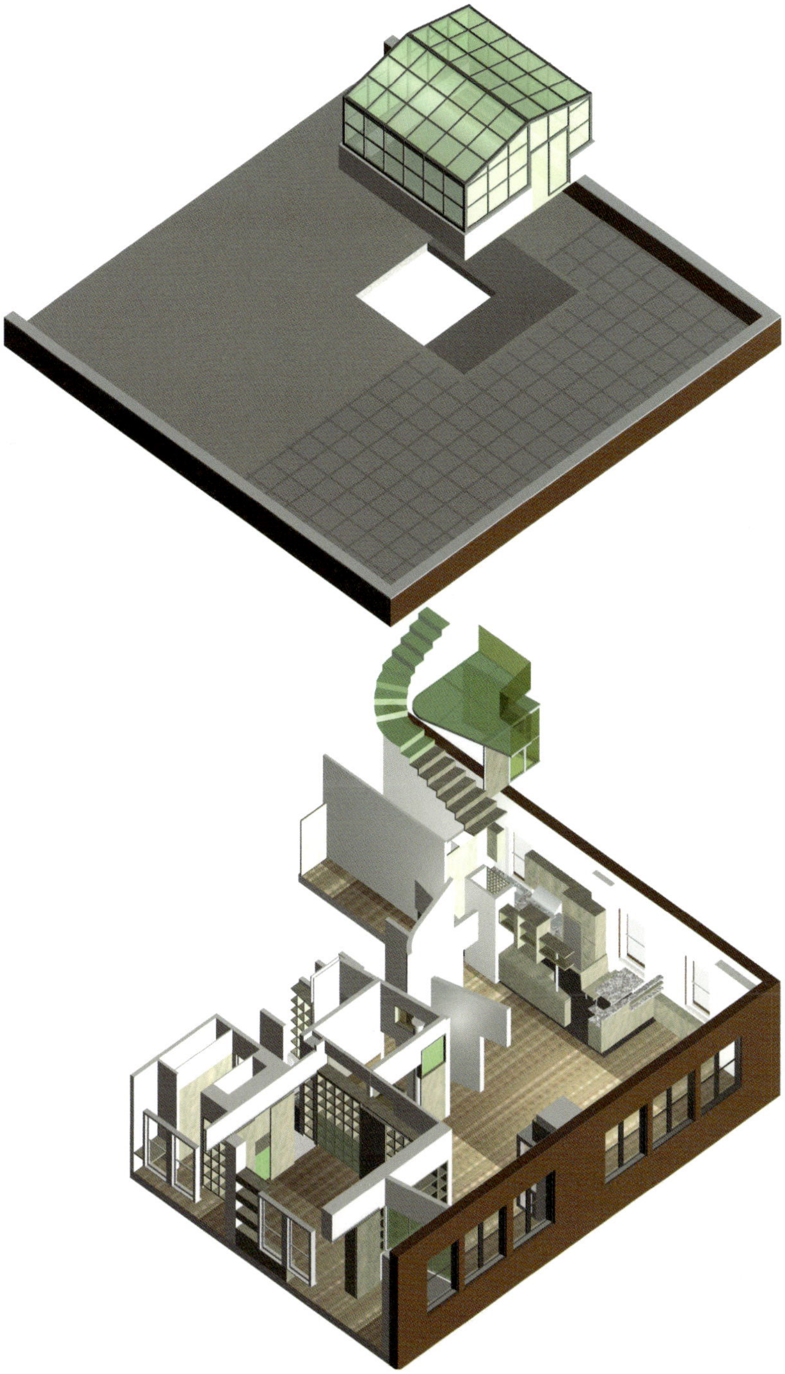

Renderings

Loft in Charlottenburg
Loft en Charlottenburg

BARKOW LEIBINGER ARCHITEKTEN

This project has achieved a structural and spatial transformation from a flat in a classical modernist building in Berlin's Charlottenburg district. The first part of the construction was to make a horizontal cut in the existing wall between the central living room and the kitchen, to join the two areas. The apartment has windows facing onto the street and also has the square courtyard, which is typical in Berlin. The family areas, as well as the studio and children's room face the exterior. The division between these spaces and the private ones is established via panels of translucent glass and birch plywood, framed in steel. These panels have been used throughout the entire flat as sliding doors, allowing the light to reach the darker areas of the apartment. All the other original finishes on the walls, windows and ceiling framework have been left in tact. The current renovation is distinct because of its constant palette of materials throughout the whole apartment, such as the stainless steel in the kitchen and bathrooms, heat-molded steel, translucent glass and birch.

Este proyecto consistió en la transformación estructural y espacial de un piso ubicado en un clásico edificio modernista del distrito berlinés de Charlottenburg. La primera intervención fue realizar un corte horizontal en el muro que separaba la sala de estar central y la cocina, para unir ambas zonas. El apartamento tiene ventanas orientadas a la calle y al clásico patio de manzana berlinés. Las zonas familiares, así como el estudio y el dormitorio infantil están orientadas al exterior. Se estableció la división entre estos espacios y los privados mediante pantallas de cristal translúcido y madera contrachapada de abedul, enmarcadas en perfiles de acero. Se emplearon estos paneles en todo el piso a modo de puertas correderas, lo que permite que la luz alcance las zonas más oscuras de la vivienda. Todos los demás acabados originales en los muros, ventanas y molduras de los techos se mantuvieron igual. La intervención actual se distingue gracias a una paleta de materiales constante en toda la superficie, como el acero inoxidable de la cocina y los baños, el acero moldeado en caliente, el cristal translúcido y el abedul.

Location: Berlin, Germany I **Date of construction:** 2003 I **Surface Area:** 220 m² I **Photographer:** Werner Huthmacher
Ubicación: Berlín, Alemania I **Fecha de realización:** 2003 I **Superficie:** 220 m² I **Fotografía:** Werner Huthmacher

The wooden panels in different shades create temporary separations and offer diverse chromatics which combine with the original materials of the home, the natural wood of the floor and the cream white of the walls.

Los paneles de madera permiten crear separaciones y proporcionan una diversidad cromática que juega con los materiales originales de la vivienda, la madera natural del suelo y el blanco de los muros.

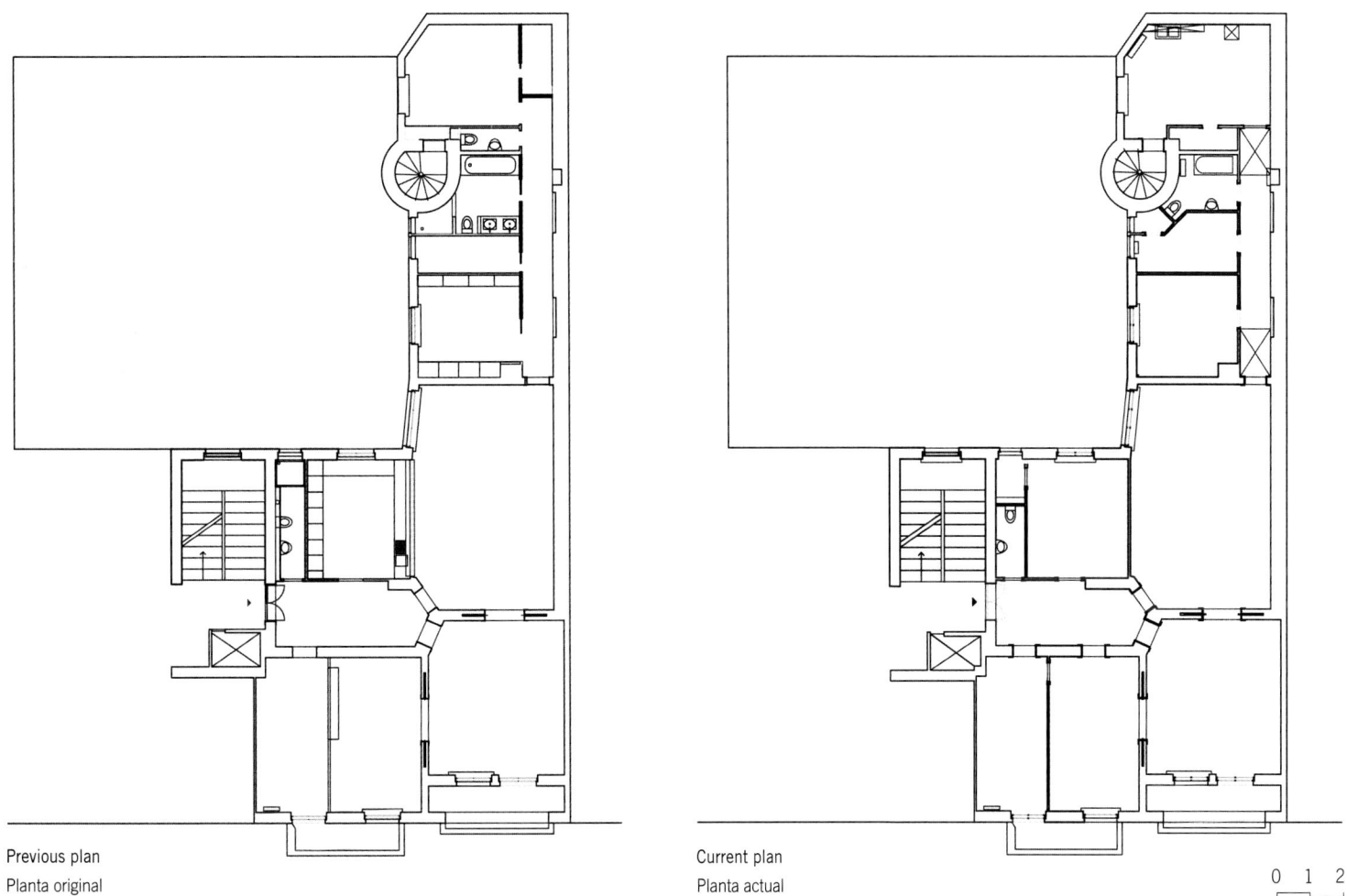

Previous plan
Planta original

Current plan
Planta actual

0 1 2

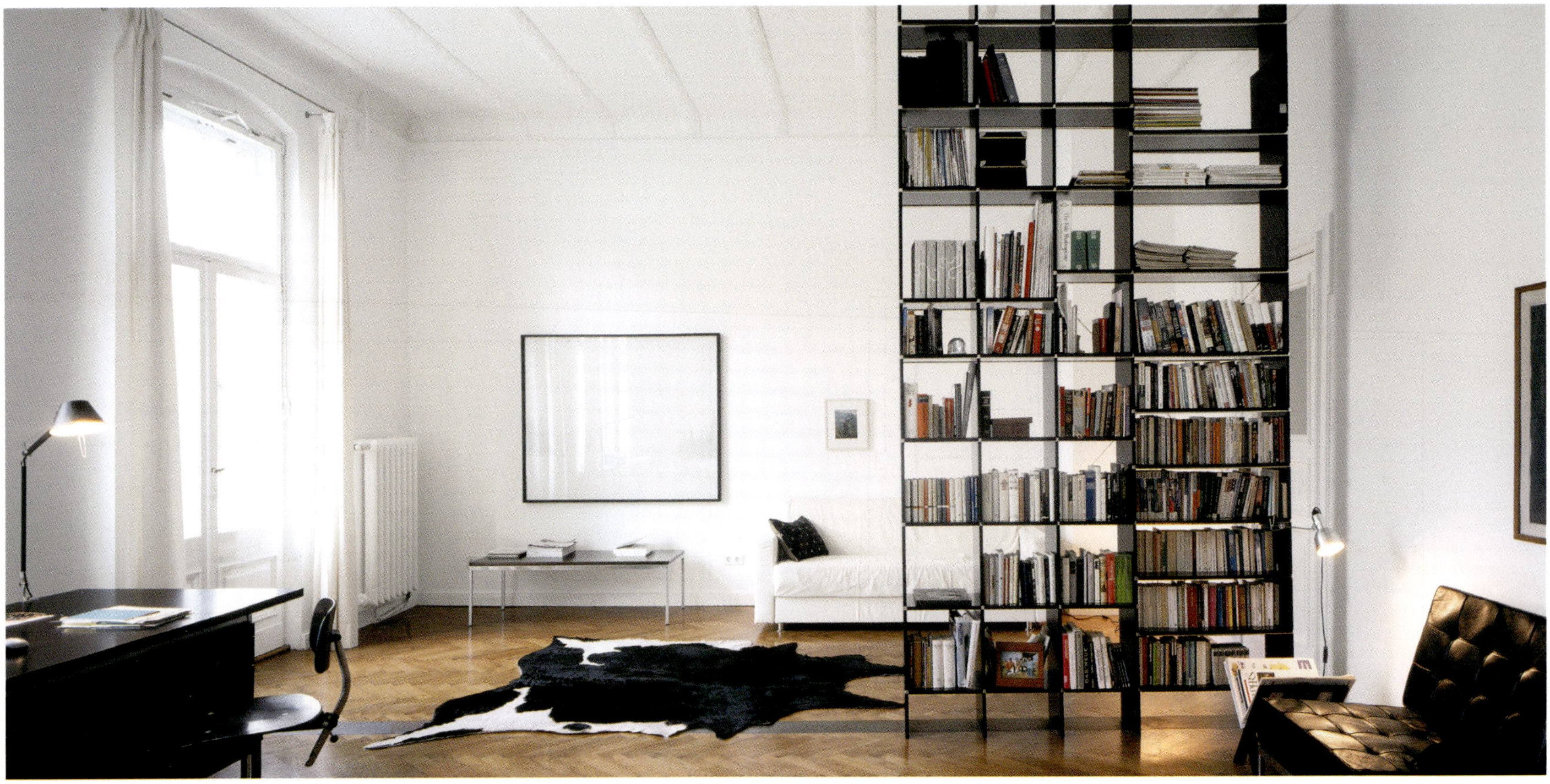

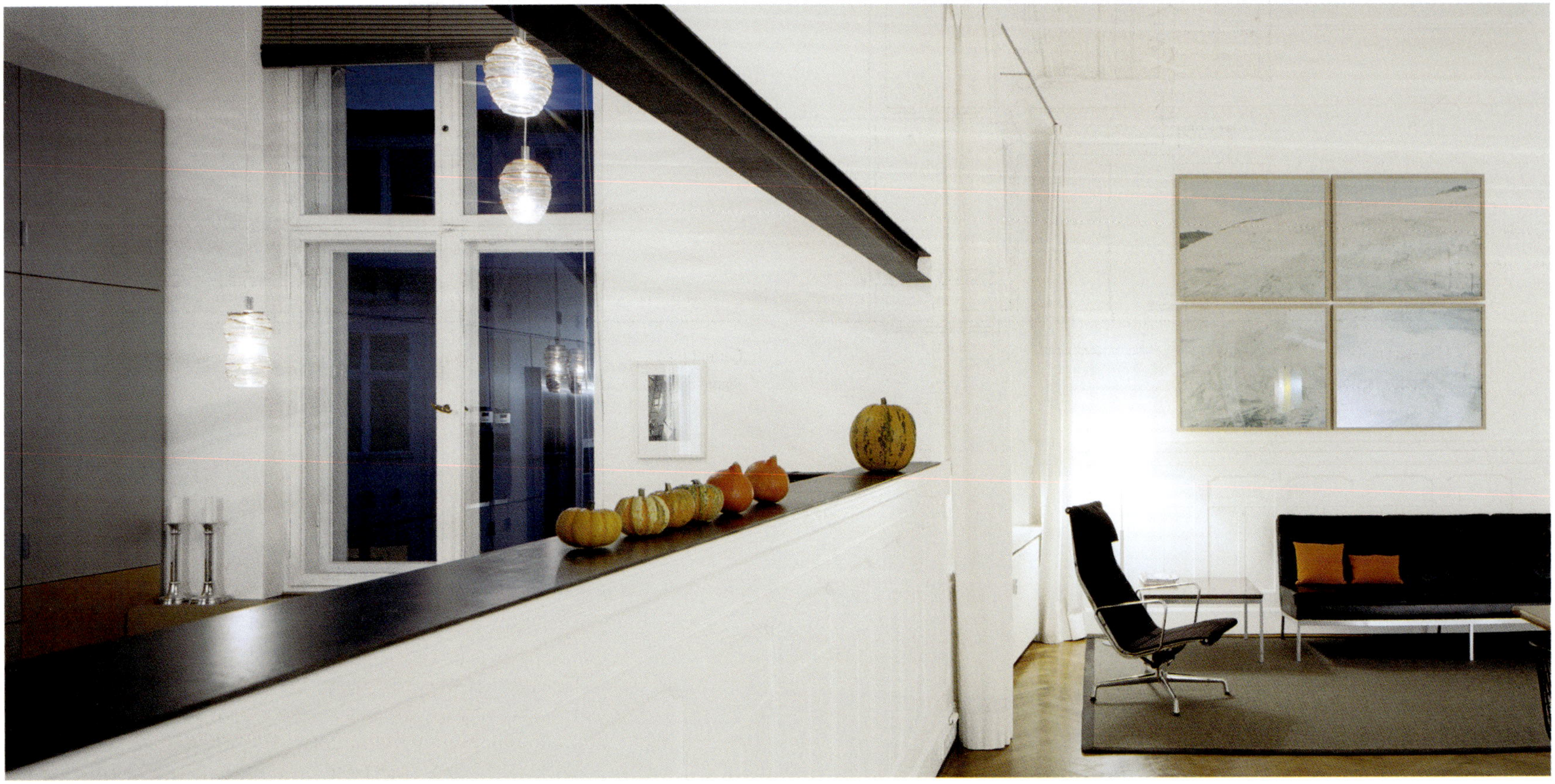

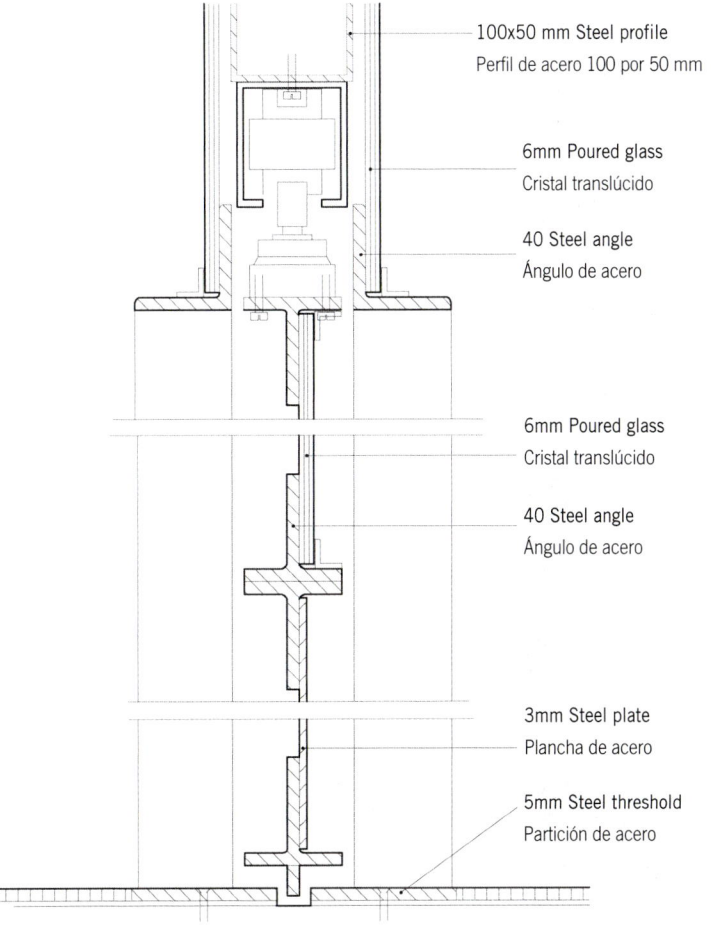

100x50 mm Steel profile
Perfil de acero 100 por 50 mm

6mm Poured glass
Cristal translúcido

40 Steel angle
Ángulo de acero

6mm Poured glass
Cristal translúcido

40 Steel angle
Ángulo de acero

3mm Steel plate
Plancha de acero

5mm Steel threshold
Partición de acero

Sliding door details
Detalle de la puerta corredera

In the passageway, the translucent glass panels make the most of natural light entering the bedroom. Other elements, like the bar in the kitchen or the bookshelf in the living area divide spaces without fragmenting them.

En el pasillo, los paneles de cristal translúcido filtran la luz natural procedente de las habitaciones. Elementos como la barra de la cocina o la librería de la zona de estar dividen los espacios sin fragmentar.

Berthelot Loft
Loft Berthelot

BANG-BUREAU D'ARCHITECTES NICOLAS GOUYGOU

This home is the result of the renovation of the back part of an unused industrial building. Acquired in co-ownership, is has two different uses: a 120 m² space on the ground floor, constituted by a single area with two bedrooms, and a second 240 m² space, which occupies the two upper floors and encompasses a large open area with three bedrooms.

This project attempts to integrate the large interior courtyard of the building into the home, thereby softening the contact between them. The back façade also benefits from the intimacy provided by this courtyard, and allows the entry of light thanks to the opening of the large windows. Given that the back façade has been reconstructed moving back from the previous one, the main bedroom on the second floor benefits from a small terrace.

To alleviate the lack of light that the height of this building produces on the ground floor, a skylight has been built, creating a mezzanine where bathrooms, a dressing room and cleaning rooms have been installed. This also allows this floor to be opened to the exterior.

Esta vivienda es el resultado de la rehabilitación de la parte posterior de un edificio industrial en desuso. Adquirido en copropiedad, se ha destinado a dos usos independientes: un espacio de 120 m² en la planta baja compuesto por una zona con dos habitaciones, y otro de 240 m², que ocupa las dos plantas superiores y comprende una gran superficie abierta con tres habitaciones.

Este proyecto integra el gran patio interior del edificio a las viviendas para suavizar el contacto entre ellas. La fachada trasera se beneficia también de la intimidad que proporciona este patio y permite que entre la luz gracias a los grandes ventanales. Debido a que la fachada trasera se ha reconstruido en retroceso respecto de la anterior, la habitación principal del segundo piso se beneficia de una pequeña terraza.

Para paliar la falta de luz de la planta baja debido a la altura del edificio, se ha construido una claraboya, creando un entresuelo en el que se han instalado baños, vestuario y cuartos de limpieza. Ello permite además abrir esta planta al exterior.

Location: Brussels, Belgium | **Date of construction:** 2005 | **Surface Area:** 450 m² | **Photographer:** Laurent Brandajs
Ubicación: Bruselas, Bélgica | **Fecha de realización:** 2005 | **Superficie:** 450 m² | **Fotografía:** Laurent Brandajs

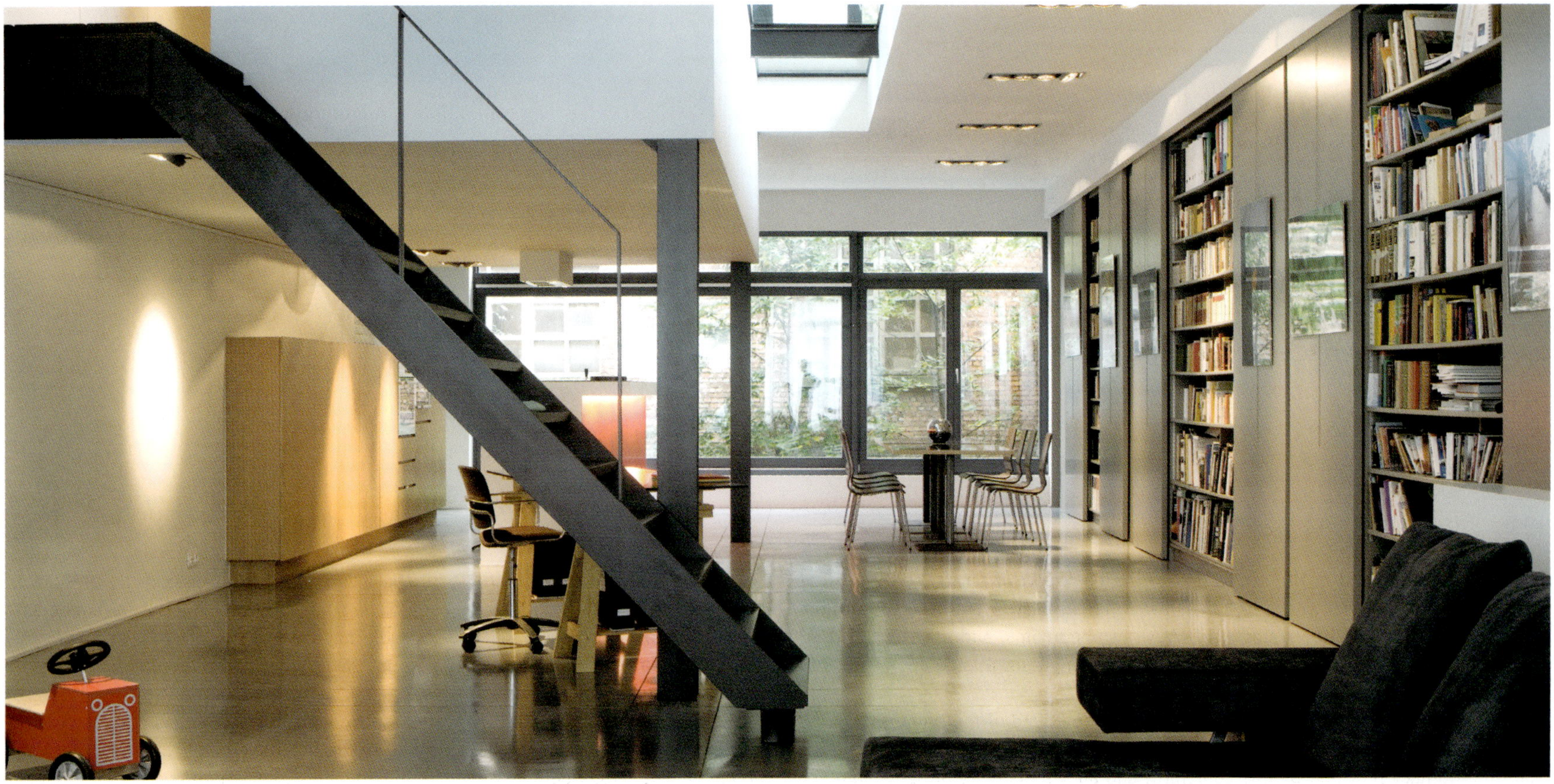

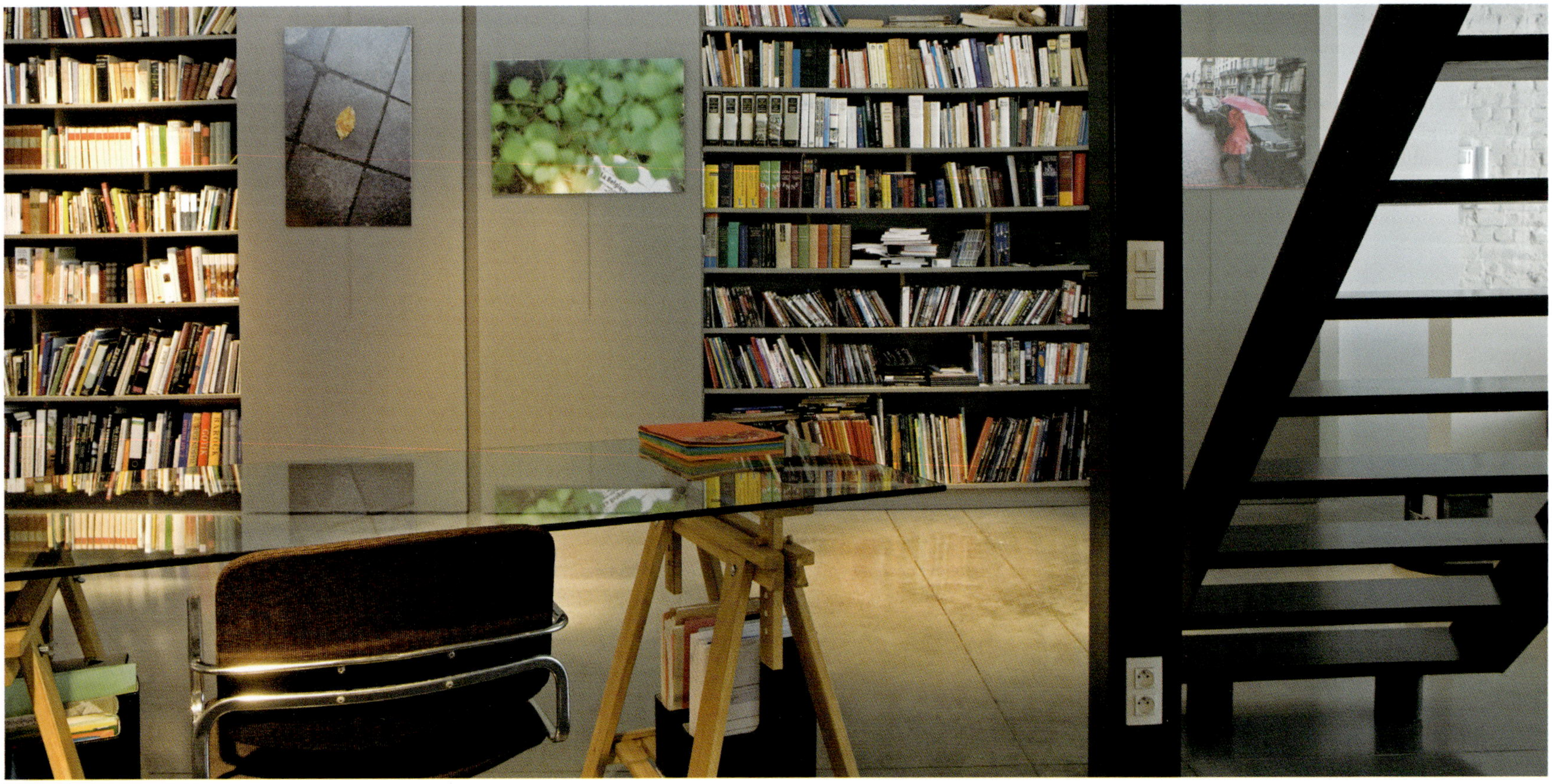

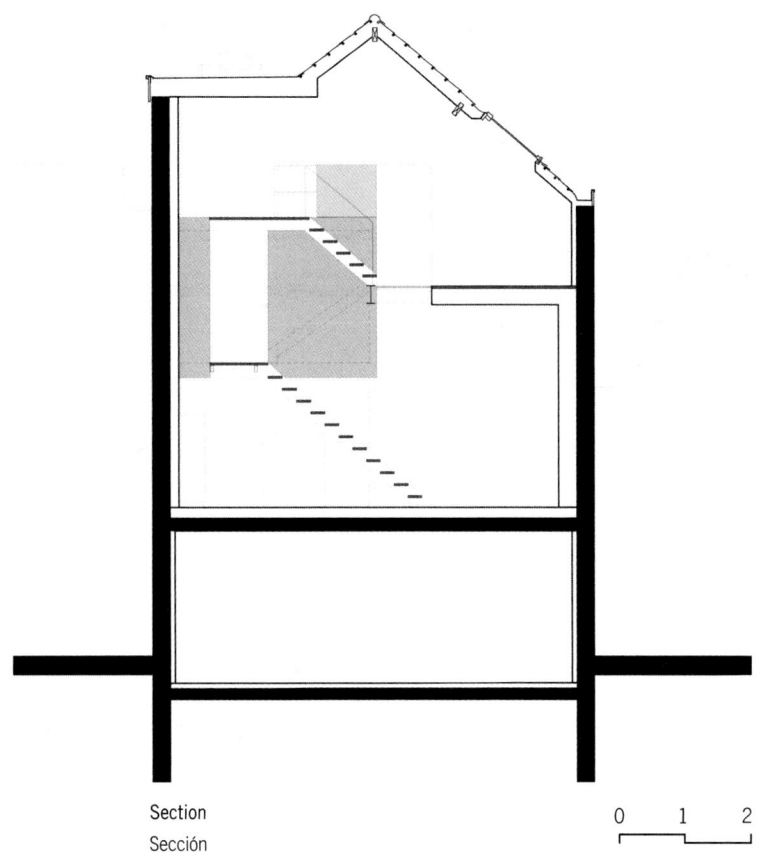

Section

Sección

0   1   2

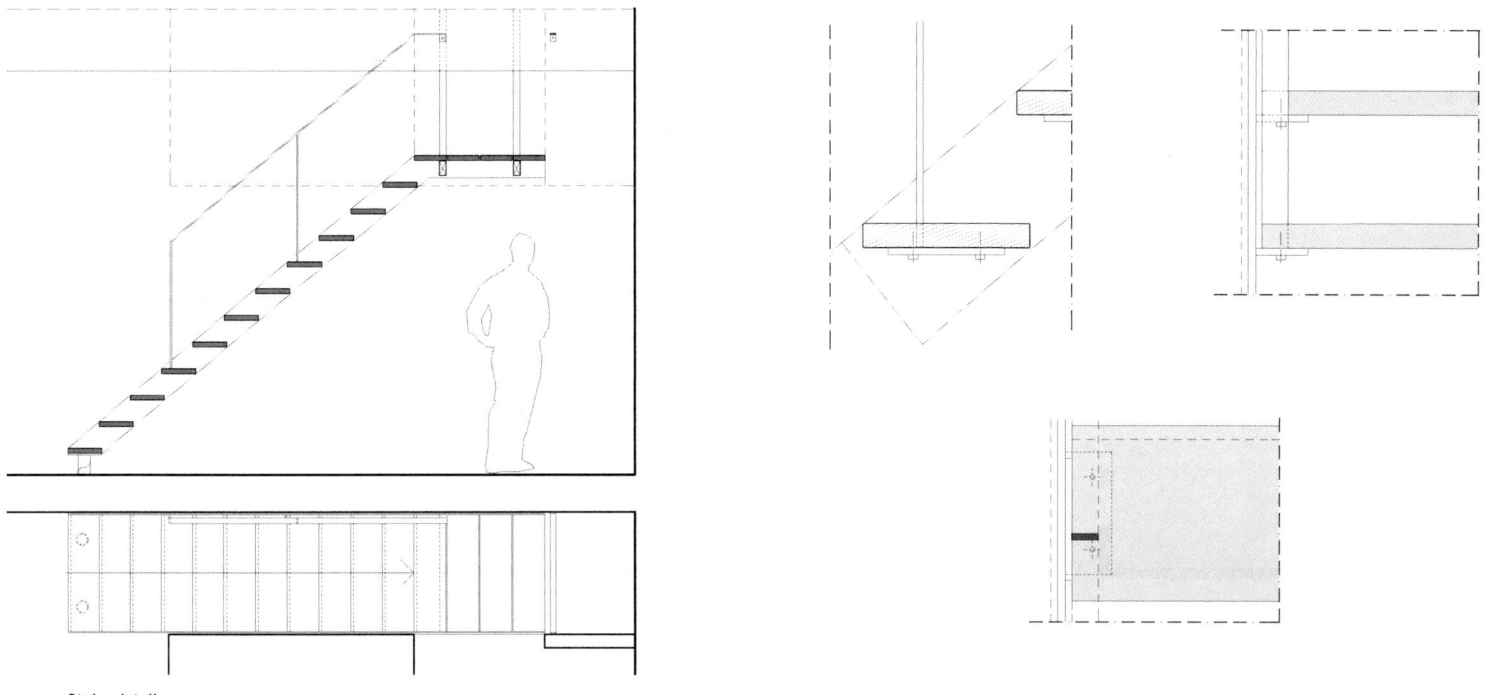

Stairs details

Detalles de la escalera

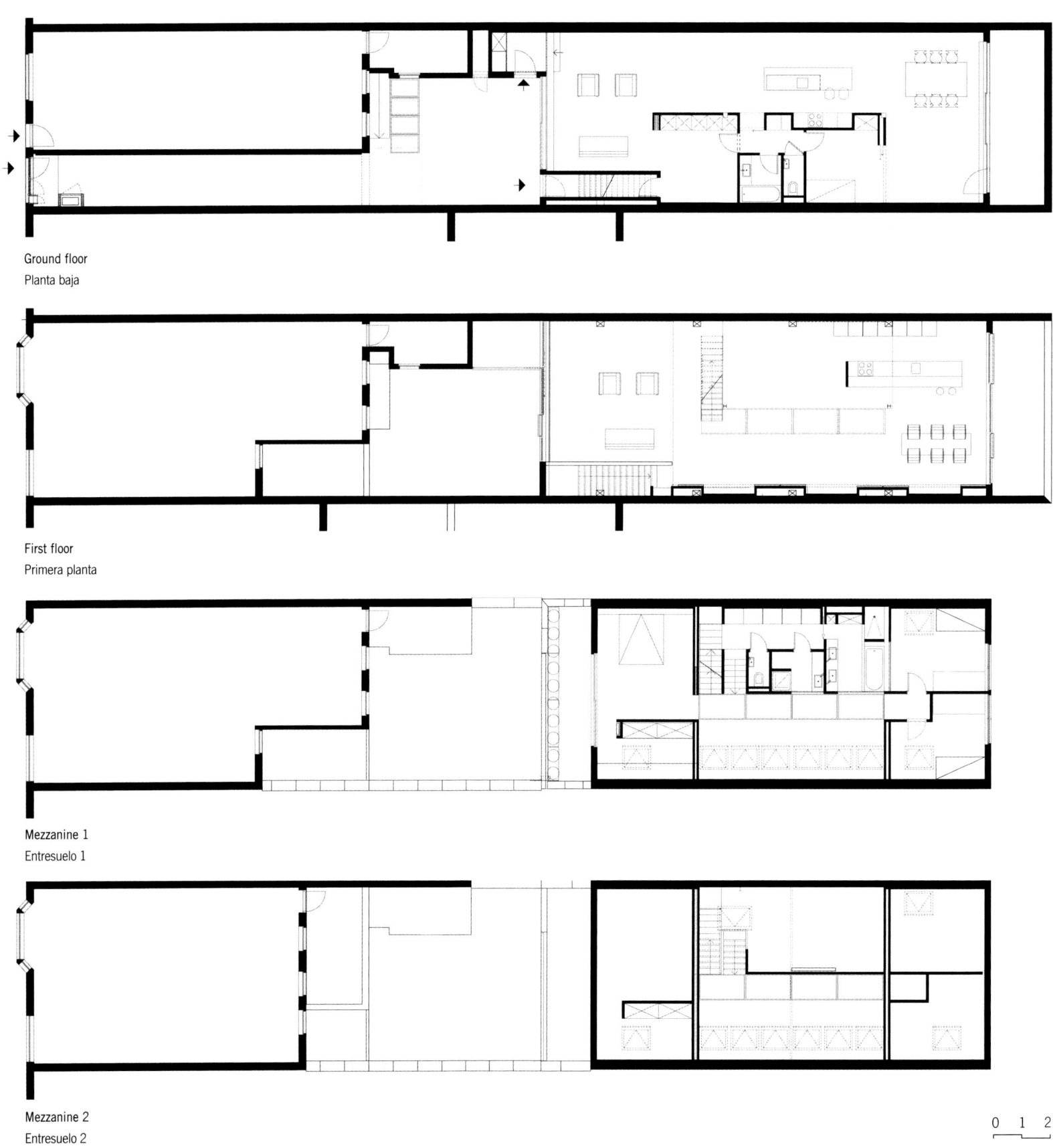

Ground floor

Planta baja

First floor

Primera planta

Mezzanine 1

Entresuelo 1

Mezzanine 2

Entresuelo 2

0 1 2

The open-plan of this home has been divided by creating different volumes to incorporate the stairs and skylight. This way the entry of light is increased in the central areas, allowing light from above to reach the ground floor.

Se ha dividido la planta libre creando distintos volúmenes para incorporar la escalera y la claraboya, lo que aumenta la luminosidad en las zonas centrales y permite que la luz cenital alcance la planta baja.

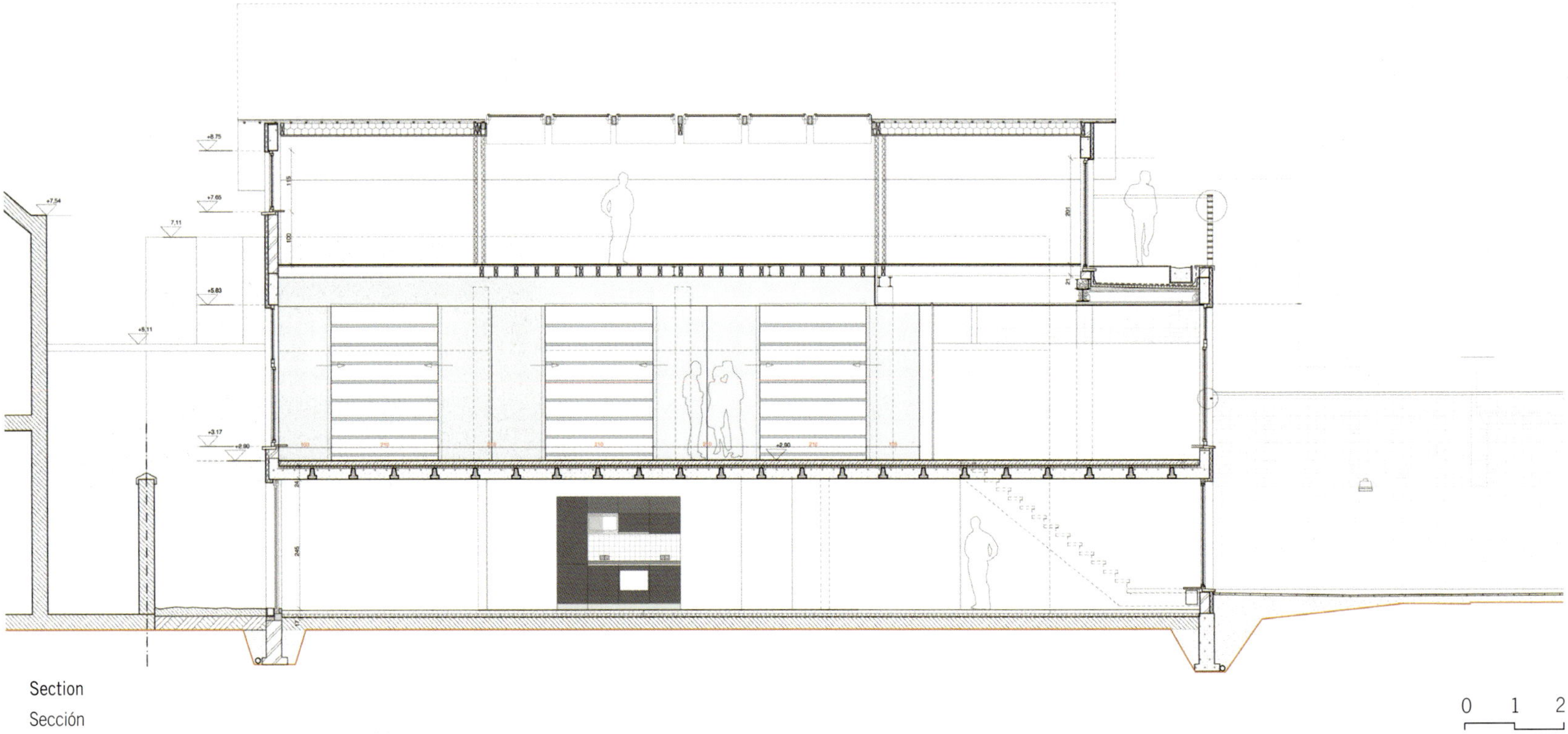

Section

Sección

0 1 2

El Graner

CESC SOLÀ/LA CREATIVA

An old open-plan building, with metal pillars and access to an internal courtyard was transformed, with this restoration, into six independent lofts designed as homes and places of work. To make the most of the space, a new volume was built, separated from the existing building by small courtyards, which feed the construction with light and air and allow work to be done in the new building independently.

The original space houses three of the new independent spaces, and an access corridor has been opened leading to the three remaining ones, which have been located in the new volume. These circulation areas are especially important in the project, being incorporated into the global concept of the renovation through the lighting and handling of the walls, made from untreated block concrete. These industrial finishes have been used in abundance, both to preserve the original identity of the former construction and to fully integrate the project with its urban setting. On the flooring, self-leveling resins, Pandomo and red PVC, have been used to attain the contrast with the white lacquered wood, the gloss black formica, the white Silestone or the metal banisters. The lighting however, based on fluorescent tubes, manages to create intimate spaces where they are needed. All this helps to establish a relationship between the industrial surroundings and the habitable space on an individual level.

Mediante esta rehabilitación, se transformó un antiguo local de planta libre –con pilares metálicos y acceso a un patio de manzana– en seis lofts independientes destinados a vivienda y lugar de trabajo. Para sacar el máximo rendimiento del espacio, se construyó un volumen de nueva planta separado del local por pequeños patios que abastecen de luz y aire toda la construcción y permiten trabajar en el nuevo edificio de forma autónoma.

El antiguo local alberga tres de los nuevos espacios independientes y un pasillo conduce a los tres restantes, que se han ubicado en el nuevo volumen. Estas zonas de circulación cobran especial importancia en el proyecto, incorporándose en el concepto global de la intervención a través de la iluminación y el tratamiento de los cerramientos verticales, realizados en bloque de hormigón sin tratar. Se emplearon acabados industriales para preservar la identidad de la antigua construcción y para integrar plenamente el proyecto en su entorno urbano. En los pavimentos se utilizaron resinas autonivelantes, Pandomo y PVC de color rojo, buscando el contraste con las maderas lacadas en blanco, la formica negra brillante, el Silestone blanco y las barandillas metálicas. Sin embargo, la iluminación, a base de tubos fluorescentes, consigue recrear espacios de intimidad allí donde es necesario. Todo ello contribuye a establecer el diálogo entre el entorno industrial y el espacio habitable a escala individual.

Location: Barcelona, Spain | **Date of construction:** 2005 | **Surface Area:** 510 m² | **Photographer:** Raimon Solà
Ubicación: Barcelona, España | **Fecha de realización:** 2005 | **Superficie:** 510 m² | **Fotografía:** Raimon Solà

The entry of light from the interior courtyard means all possible resources must be used to increase it. The structure dividing the "wet" areas from the rest of the house integrates the kitchen and shelving in the living area.

La luz que entra del patio interior, obliga a aprovechar al máximo los recursos. La estructura interior separa las zonas «humedas» del resto, como si fuera una isla, e integra la cocina y una estantería en la zona de estar.

Plan

Planta

0 1 2

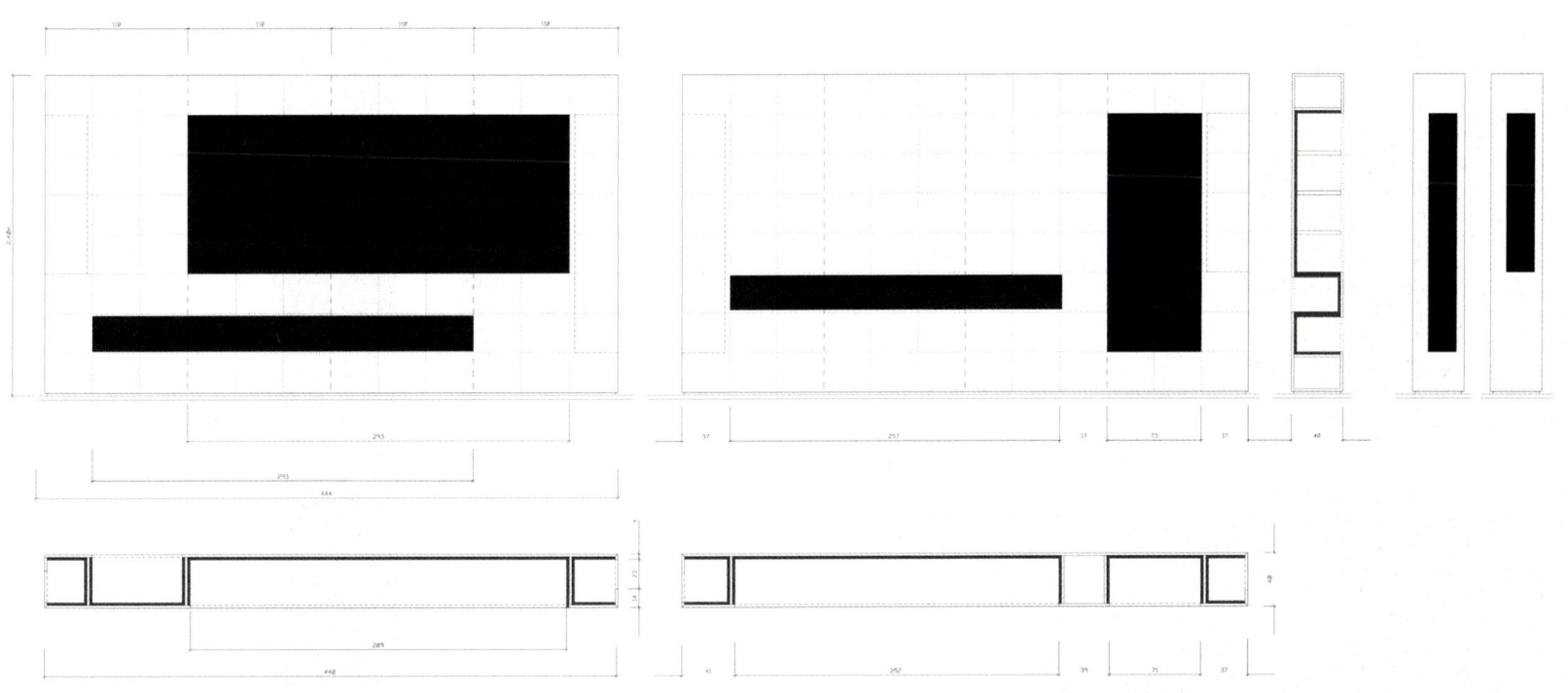

Furniture

Mueble separador

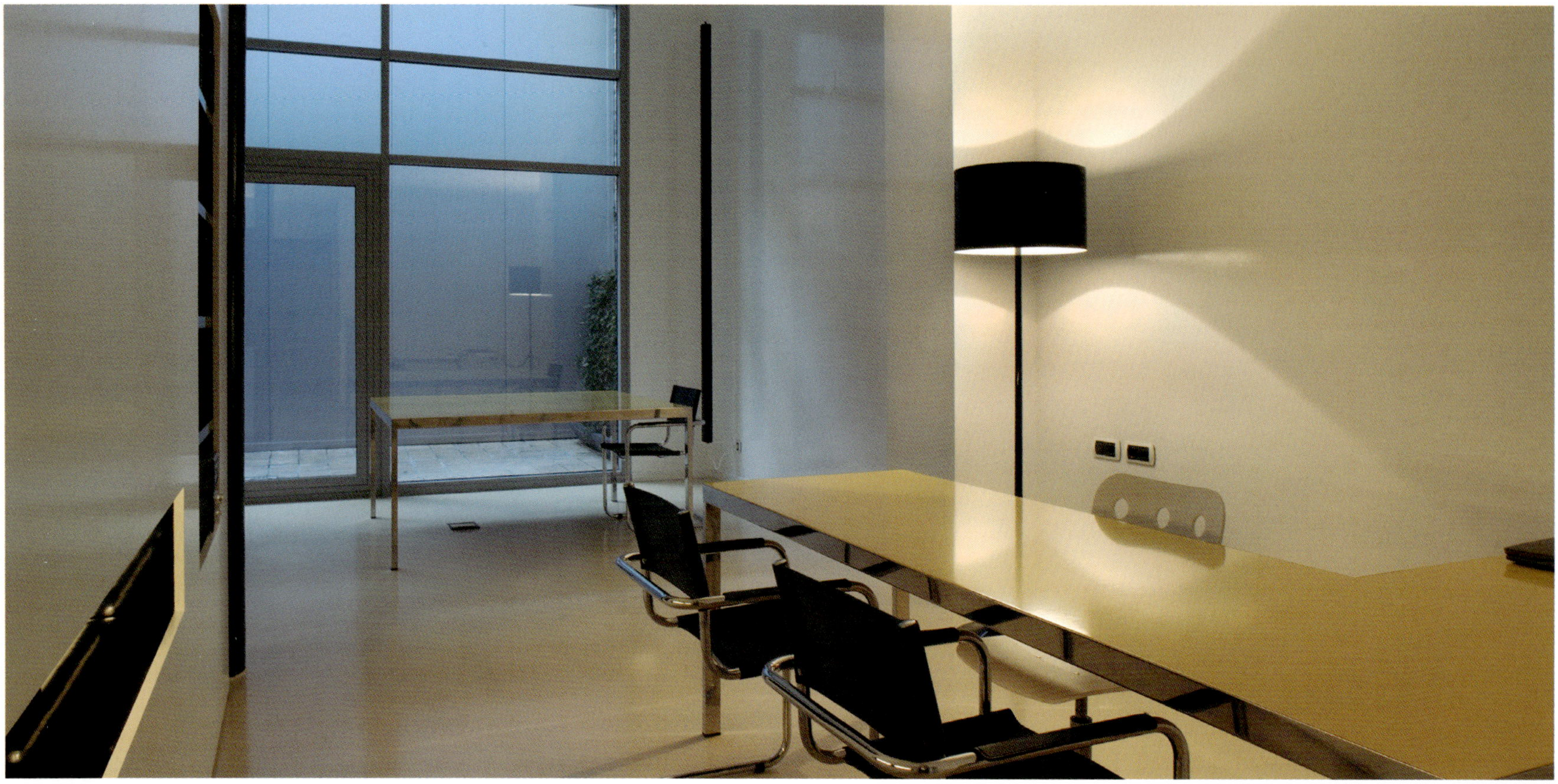

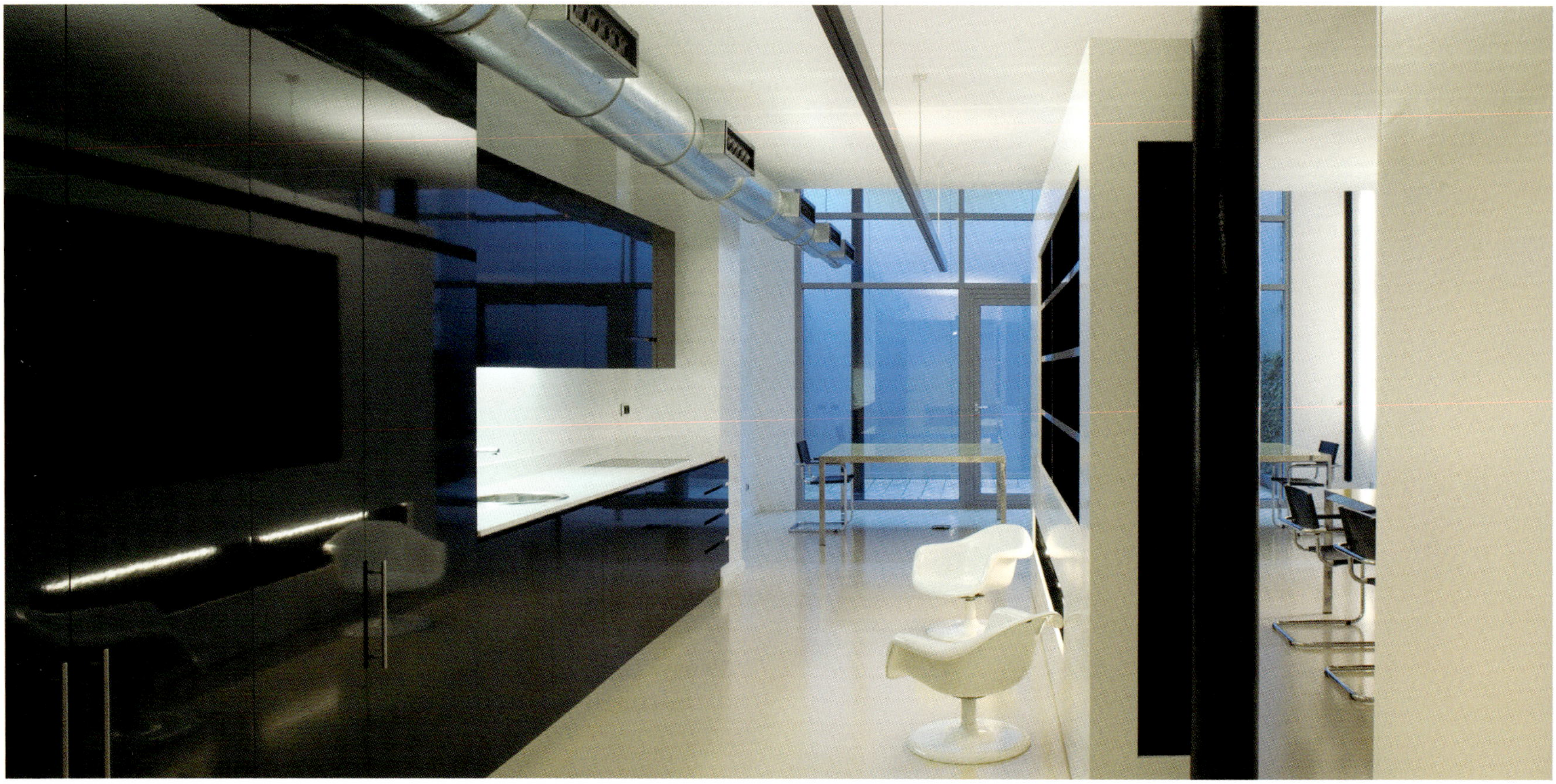

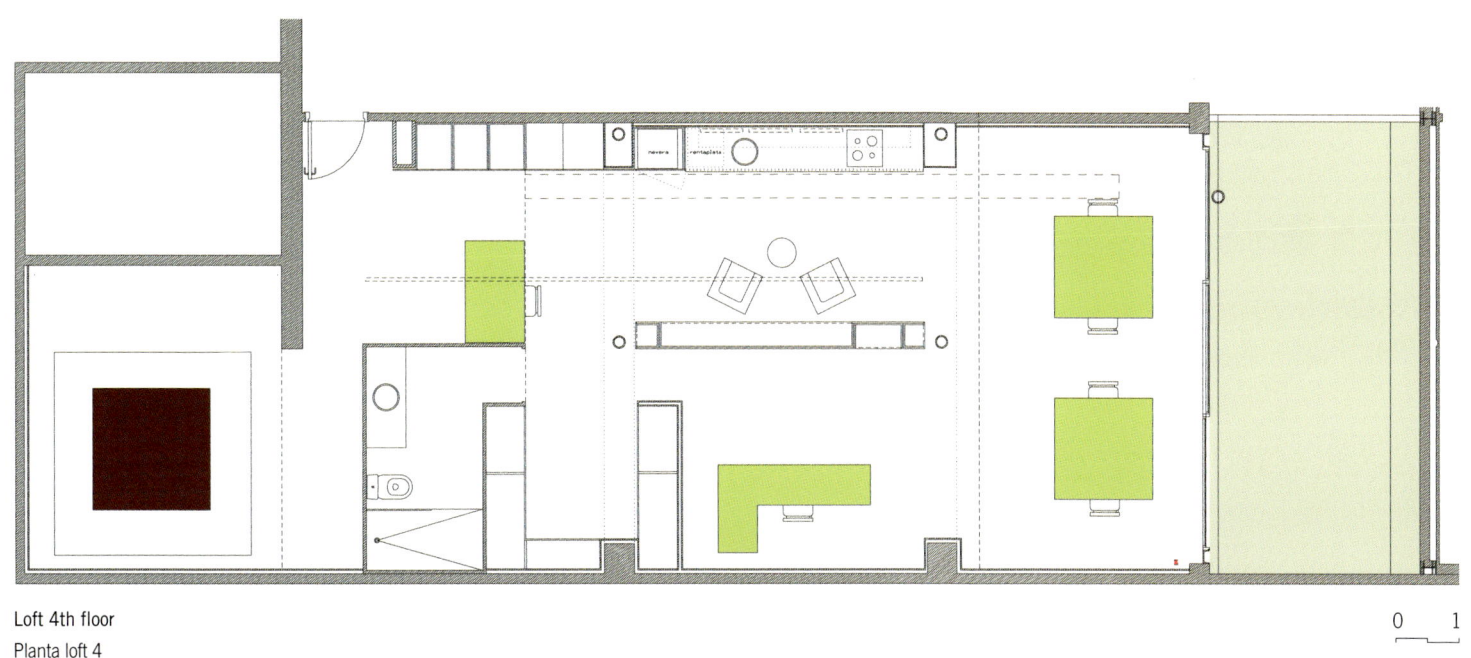

Loft 4th floor

Planta loft 4

0   1

Krammer House
Casa Krammer

HERTL ARCHITEKTEN

An in-depth restoration has been carried out to convert this old house, on the banks of the river Ybbs, into a contemporary home. The existing roof was taken off and a new floor was built that partly involves the roof of the neighboring building. This vertical extension largely helps to fuse the home with the surroundings, via an immense window that opens onto the terrace and provides beautiful views over the river and the city. The ground floor, part of the original building has been whitewashed and on the thick walls are irregular incisions where the light penetrates like a kaleidoscope, which also shows the former orientation of the building. Here are the children's rooms, the kitchen, hidden behind a firewall, and a bathroom, which is reminiscent of the *hamam*, with the concrete bathtub built into one corner. The second floor was to be interpreted as a roof; the façade of this volume has been covered with anthracite laminates, the material used in the area for the roof tiles. The living area is totally open to the exterior and free of fixed furniture.

The library, which is joined to the main bedroom within a single room, consists of a curved wall, with perforations towards the outside, which allow the entry of light. Behind this wall is a staircase that leads to the basement, divided by the mezzanine where a space for reading has been installed.

Se ha realizado un profundo trabajo de reforma para convertir esta antigua casa, a la orilla del río Ybbs, en una vivienda contemporánea. Se ha retirado la cubierta y se ha levantado una nueva planta que envuelve parte de la cubierta de la edificación vecina. Esta extensión vertical contribuye en gran medida a fusionar la vivienda con el entorno, mediante un inmenso ventanal que se abre a la terraza y proporciona hermosas vistas del río y de la ciudad. Se ha encalado la planta baja, parte de la antigua edificación, y en los gruesos muros se han abierto ventanales con formas irregulares por los que penetra la luz de forma caleidoscópica, dando al mismo tiempo testimonio de la antigua orientación del edificio. Esta planta alberga las habitaciones infantiles, la cocina, oculta tras el muro cortafuegos, y un baño que recuerda a los *hamam*, con la bañera de hormigón encastrada en un hueco. Se ha interpretado el segundo piso como si fuera una cubierta; se ha recubierto la fachada de este volumen con láminas de antracita, el material empleado en la zona para las cubiertas. La sala de estar está totalmente abierta al exterior y no tiene mobiliario fijo.

La biblioteca, que se une al dormitorio principal formando una sola estancia, consiste en un muro curvado, con perforaciones hacia el exterior que permiten la entrada de la luz. Detrás de este muro se esconde la escalera que conduce al sótano, dividida por el entresuelo en el que se ha instalado un espacio para la lectura.

Location: Waidhofen an der Ybbs, Austria | **Date of construction:** 2005 | **Surface Area:** 198,70 m² | **Photographer:** Paul Ott
Ubicación: Waidhofen an der Ybbs, Austria | **Fecha de realización:** 2005 | **Superficie:** 198,70 m² | **Fotografía:** Paul Ott

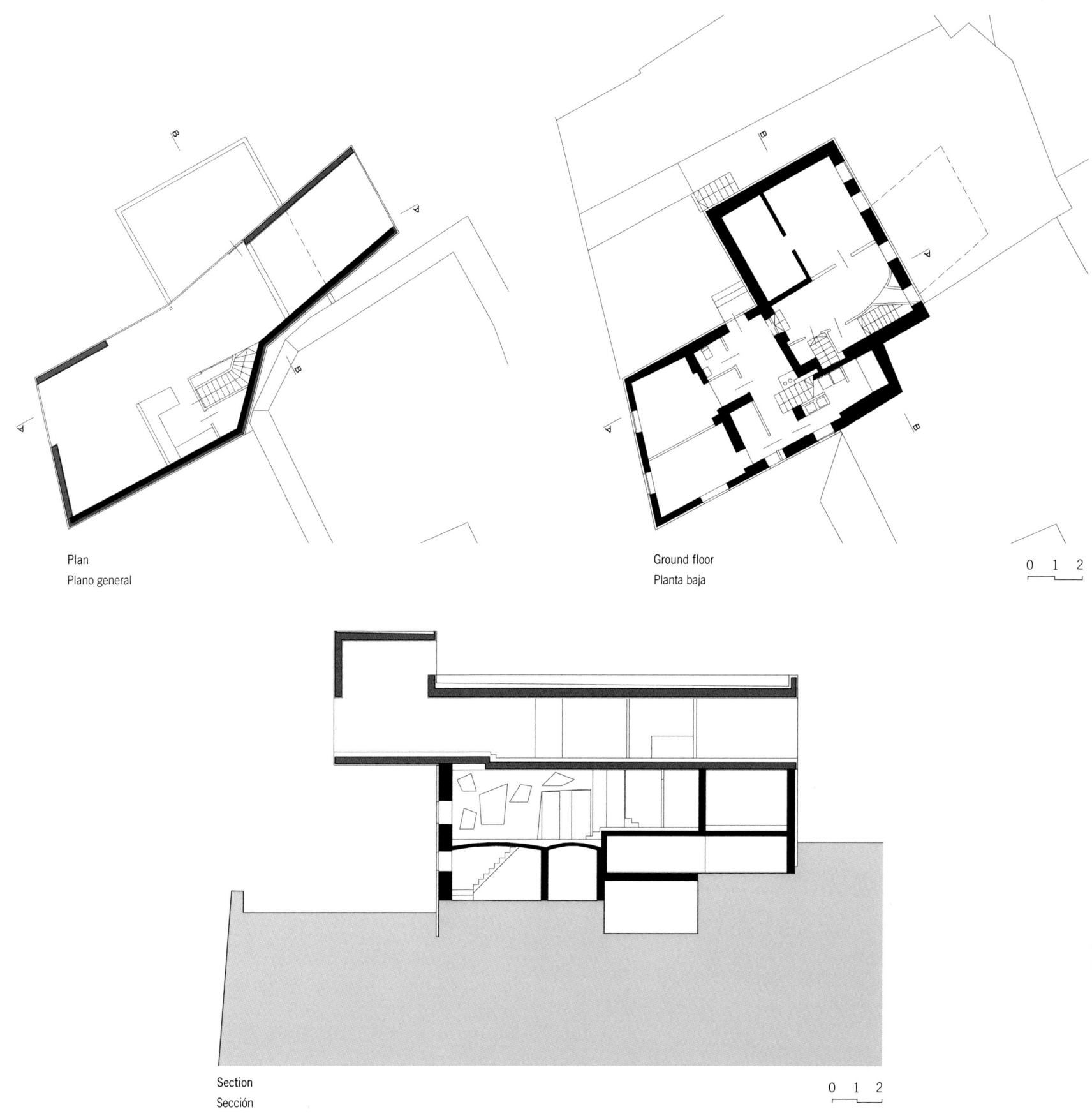

Plan

Plano general

Ground floor

Planta baja

0 1 2

Section

Sección

0 1 2

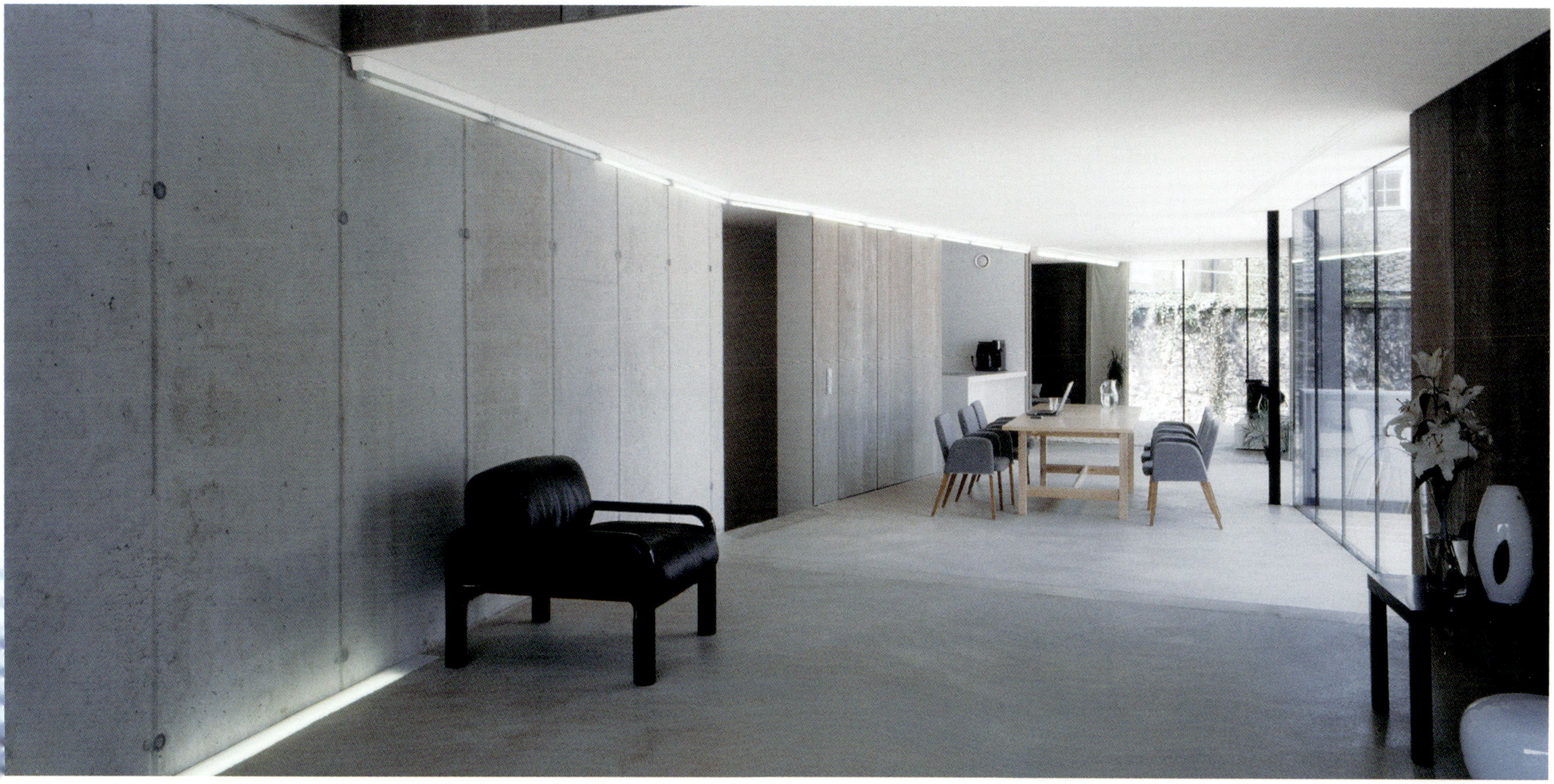

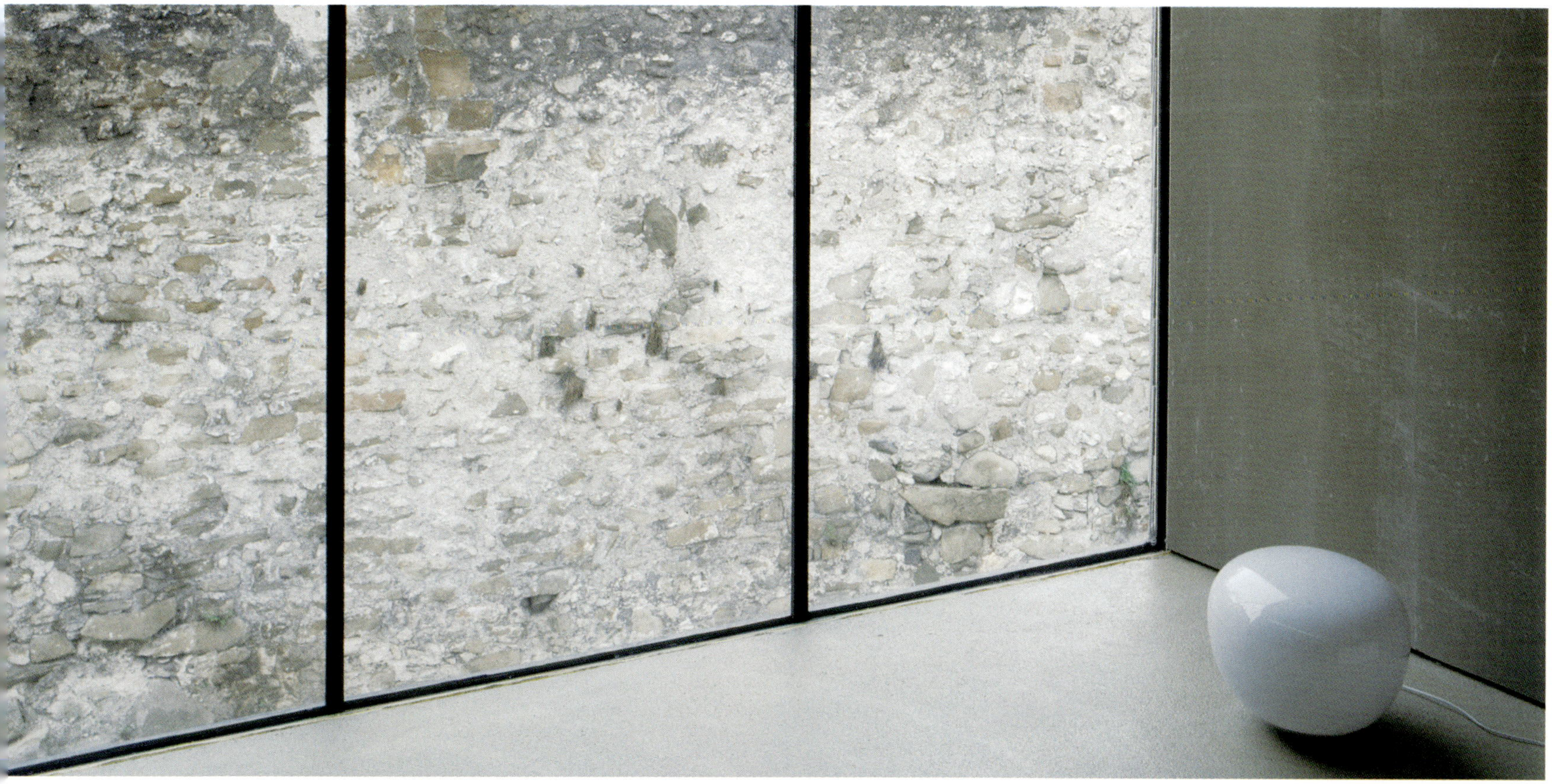

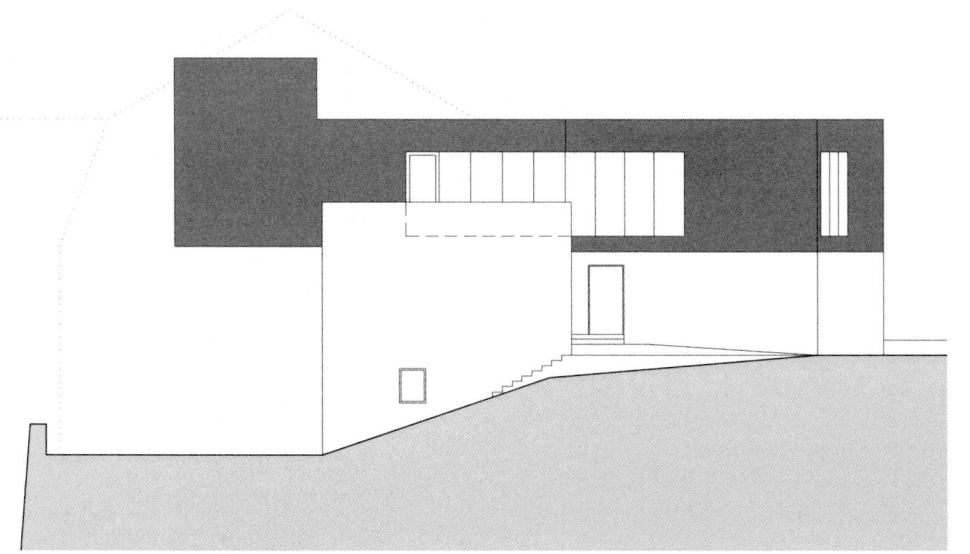

North elevation
Alzado norte

West elevation
Alzado oeste

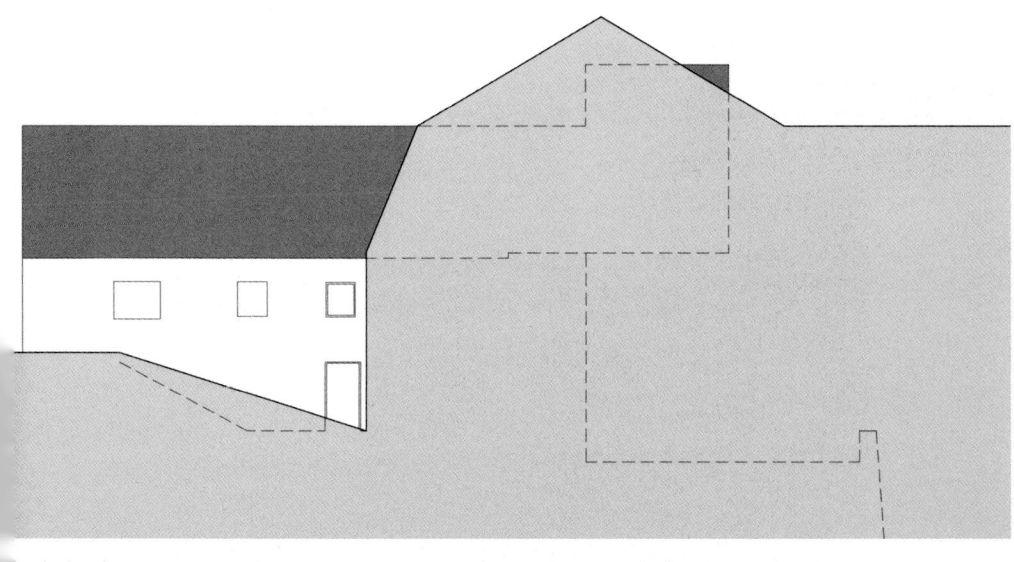

South elevation
Alzado sur

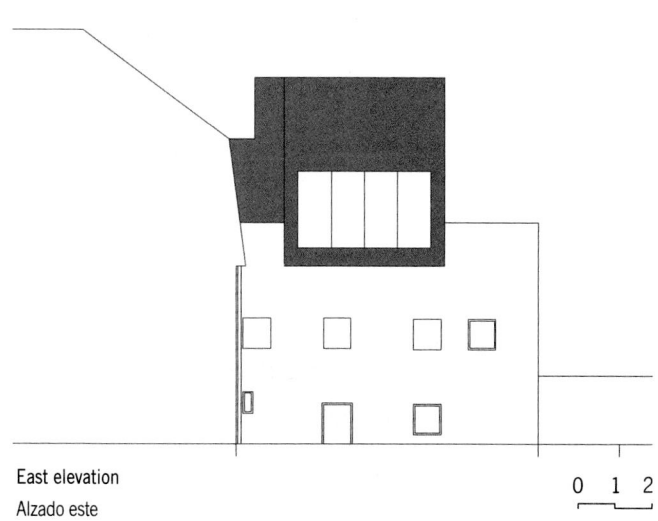

East elevation
Alzado este

0 1 2

Thanks to the unusually thick walls, the windows of this home have been given wide sills, which create improvised reading or rest spots, with views of the river and the tiled roofs of the old part of the city.

Gracias al extraordinario grosor de los muros, las ventanas están provistas de grandes alféizares que permiten crear improvisadas zonas de lectura, con vistas al río y a las cubiertas del casco antiguo de la ciudad.

Morgan Residence
Loft en el Village

TANG KAWASAKI STUDIO

This project was carried out on an industrial space situated in one of the cobbled streets that can still be found in Greenwich Village. The space had north and south facing windows and bare redbrick roofs. In the restoration it was decided to keep the latter in view, which forms a perfect balance with the white oak flooring, conveniently stripped and covered again with a protective layer.

Under the teak framed windows, the radiators and storage modules are finished with perforated lacquered woodwork, also white. At various points closet-walls were built, which isolate intermittently certain areas from others, as well as hiding different elements from view, from the washing machine to a work studio, maximizing the free space. The kitchen with its wide surfaces of stainless steel is hidden from the living room thanks to an insulating wall. The walls have been painted white. The high amount of light present in almost the entire surface area is reinforced in the darker areas through large white globes, which provide a warm light.

Este proyecto se ha realizado en un edificio industrial situado en una de las calles adoquinadas que todavía se encuentran en Greenwich Village. El local tenía ventanas al norte y al sur y techos de ladrillo rojo. En la renovación se ha mantenido este último elemento a la vista, que combina con el pavimento blanco de roble, decapado y recubierto con una capa de protección.

Bajo las ventanas con marcos de teca, se han cerrado los radiadores y los módulos de almacenaje con carpintería lacada perforada, también blanca. En diversos puntos se han construido muros-alacena para separar las distintas zonas y ocultar elementos como una lavadora y un estudio de obra dejando el máximo de espacio libre. La cocina, con amplias superficies de acero inoxidable, está oculta tras un muro. Se han pintado las paredes de blanco y la poderosa luminosidad se refuerza en las zonas oscuras mediante grandes lámparas en forma de globos blancos que proporcionan una luz cálida.

Location: New York, NY, USA | **Date of construction:** 2005 | **Surface Area:** 140 m² | **Photographer:** Björg Magnea
Ubicación: Nueva York, EE UU | **Fecha de realización:** 2005 | **Superficie:** 140 m² | **Fotografía:** Björg Magnea

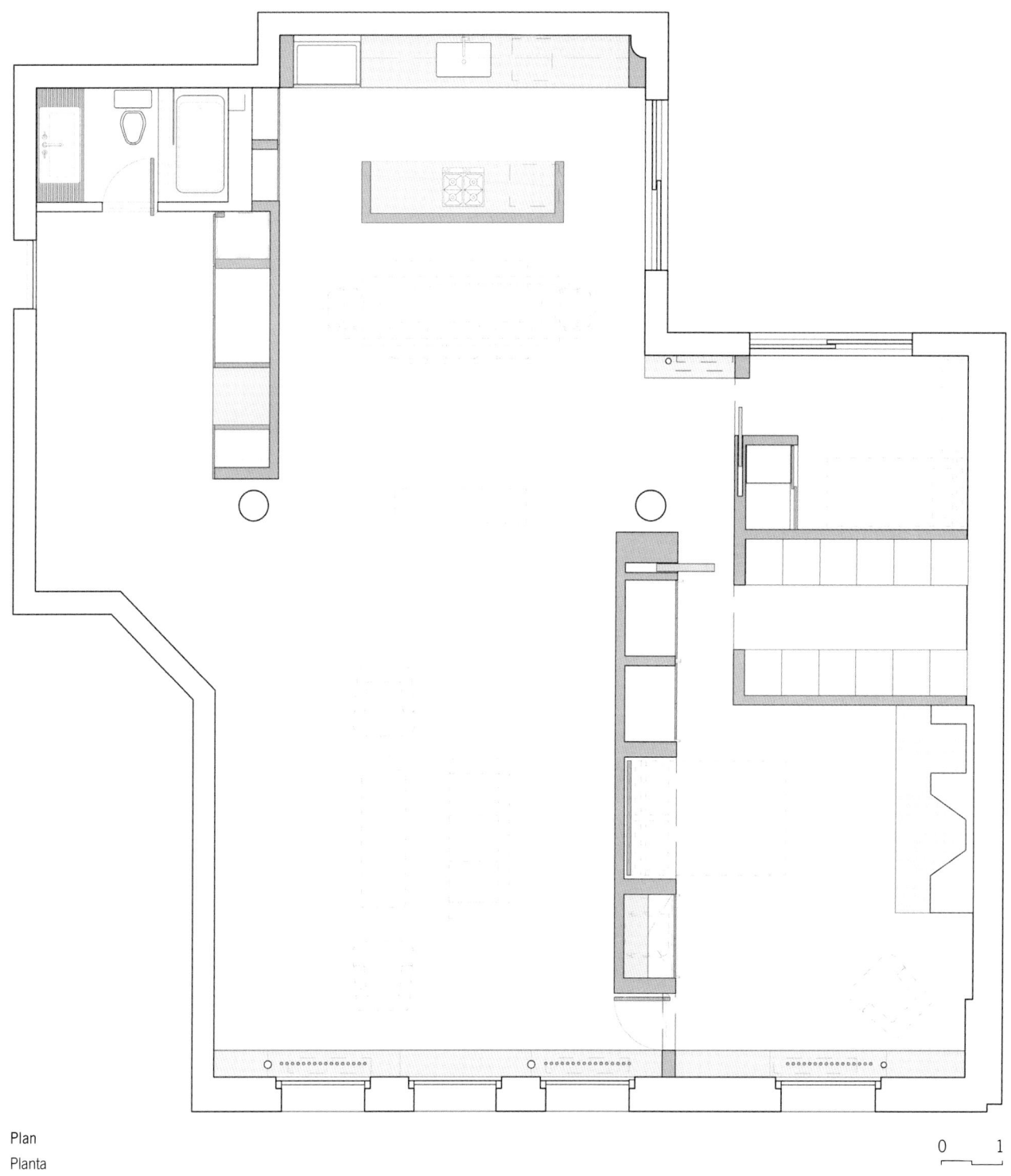

Plan
Planta

0   1

A wrap around effect has been achieved in this loft thanks to the harmony created between the original brick ceiling and the unvarnished wooden floor.

En este loft se ha logrado un efecto envolvente gracias a la armonía que existe entre el techo de ladrillo original y el suelo de madera sin barnizar.

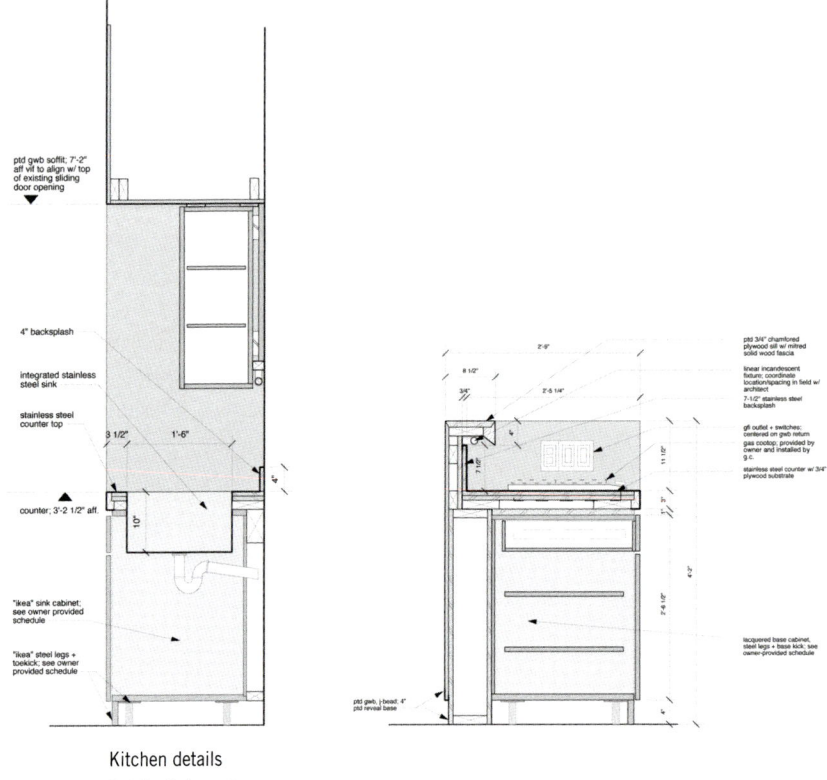

Kitchen details

Detalle de la cocina

ptd gwb soffit; 7'-2" aff vif to align w/ top of existing sliding door opening

4" backsplash

integrated stainless steel sink

stainless steel counter top

3 1/2"   1'-6"

counter; 3'-2 1/2" aff.

10"

"ikea" sink cabinet; see owner provided schedule

"ikea" steel legs + toekick; see owner provided schedule

2'-6"

8 1/2"

3/4"   2'-5 1/4"

7 1/2"

11 1/2"

3"

2'-4 10"

4'-3"

ptd 3/4" chamfored plywood sill w/ mitred solid wood fascia

linear incandescent fixture; coordinate location/spacing in field w/ architect

7-1/2" stainless steel backsplash

gfi outlet + switches; centered on gwb return

gas cooktop; provided by owner and installed by g.c.

stainless steel counter w/ 3/4" plywood substrate

lacquered base cabinet, steel legs + base kick; see owner-provided schedule

ptd gwb, j-bead, 4" ptd reveal base

Globes like bubbles complement the entry of light through the windows, creating a soft atmosphere, where nothing is excessively enhanced and every detail is highly calibrated.

Globos de efecto gaseoso complementan la entrada de luz de los ventanales creando una atmósfera suave en la que nada resalta excesivamente y cada detalle está calibrado al máximo.

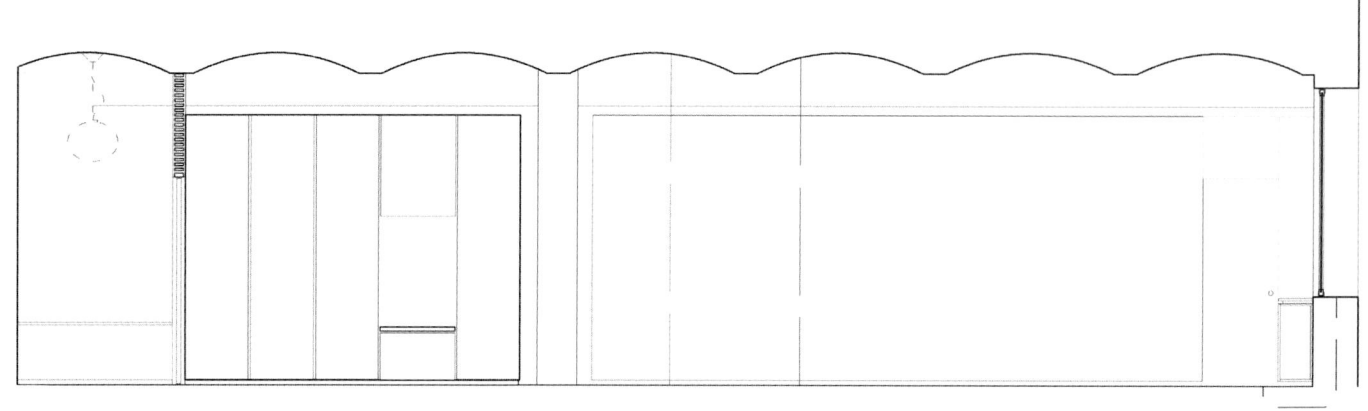

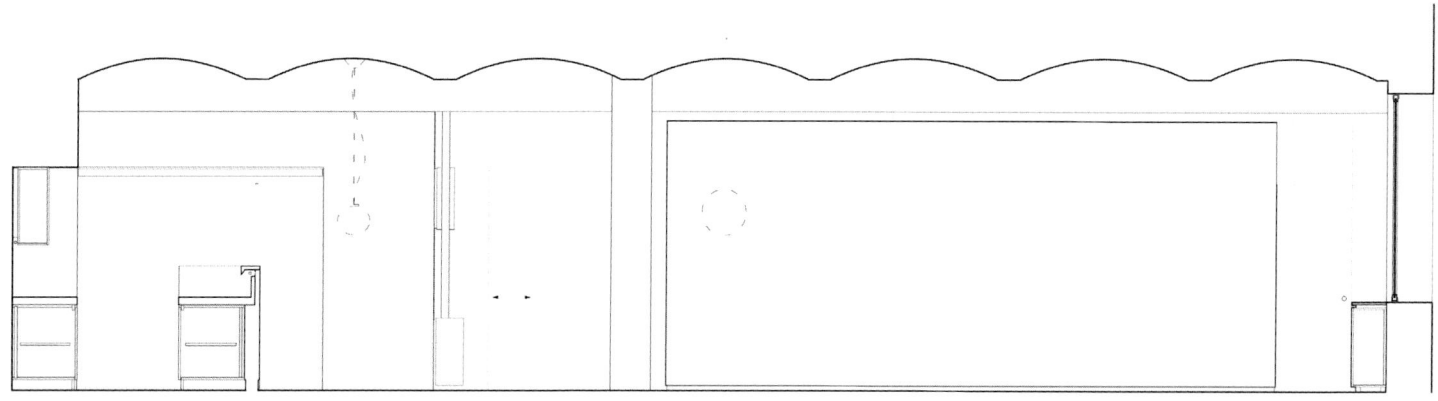

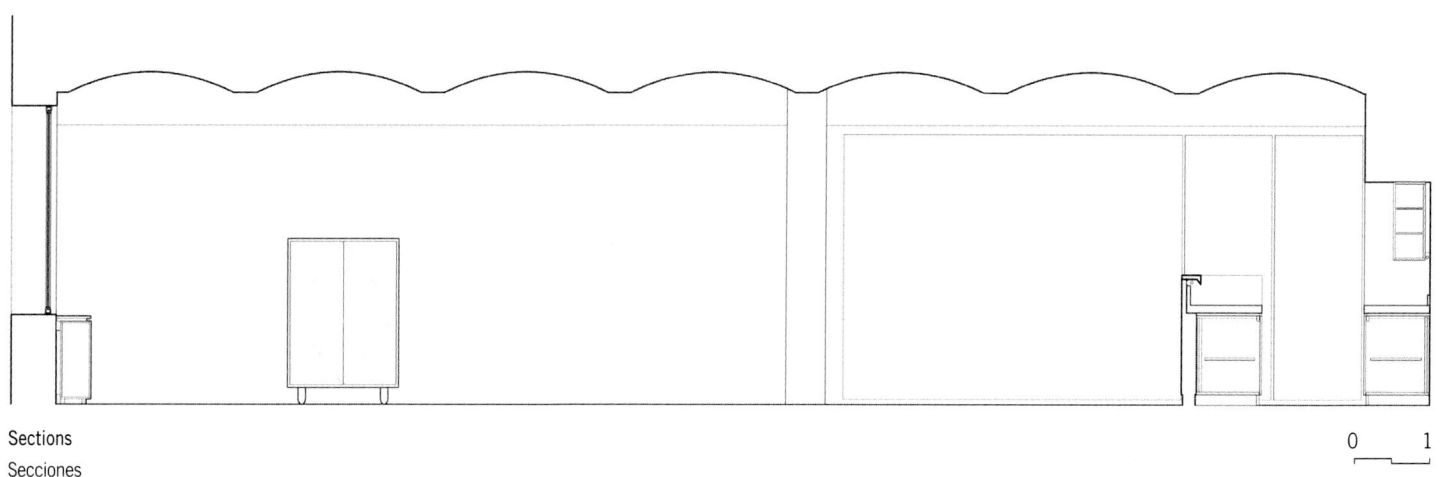

Sections
Secciones

0 1

Attic in Valverde
Ático en Valverde

MAROTO & IBÁÑEZ

This project restored a former home, an attic, situated in a central area of Madrid. An uninterrupted space has been created opening the parameter to the terrace to extend the continuity outside. The light and white walls, as well as the restoration of the original wooden flooring, unify the spaces.

The day area, an integrated room that encompasses the hallway, lounge and terrace, has been projected as a large space with a double-heighted ceiling with double pitched inclined planes. Upon the central area, which coincides with the access to the home, is studio-mezzanine. The height varies depending on the function of the spaces, using a combination of volumes. The lounge opens onto the terrace with an enormous wall-to-wall window. The roof also opens to allow the entry of light to the lounge and to the studio through a linear skylight.

The two main areas are joined by an open corridor-gallery with windows overlooking the central courtyard, where the library of the house is situated. For the evening area, which includes the bathroom, toilet and kitchen, white Macael marble has been chosen with a sanded finish. The rest of the floor is of «melis» pine, partially restored from the original. The rest of the home has been carried out with plasterboard walls and ceilings and MDF board for the doors, finished with garret tiles and cupboards, all painted in white and gray. The main bathroom-dressing room has a bath-shower, with a cylindrical enclosure that wraps around it, and is lit by a large skylight.

Este proyecto ha recuperado un antiguo ático, situado en una céntrica zona de Madrid, y ha creado un espacio ininterrumpido abriendo el perímetro a la terraza para darle continuidad en el exterior. La luz y el blanco de los muros, así como la recuperación de la tarima de madera original, unifican los espacios.

Se ha proyectado la zona de día, que incluye el vestíbulo, el salón y la terraza, como un gran espacio con techo a doble altura y de planos inclinados en doble pendiente. Sobre la zona central, la más alta, que coincide con el acceso a la vivienda, se encuentra un altillo estudio. La altura varía según el uso de los espacios, creando un juego de volúmenes. El salón se abre a la terraza mediante una ventana de grandes dimensiones, que ocupa toda la pared, y un lucernario permite la entrada de luz al salón y al estudio.

Las dos zonas principales se unen mediante un pasillo-galería con ventanas que se abren al patio central, donde se encuentra la biblioteca.

Para la zona de noche, que incluye baño, aseo y cocina, se ha elegido el mármol blanco con acabado apomazado. El resto del suelo es de tarima de pino «melis», recuperada parcialmente de la antigua. En el resto de la vivienda destacan los paramentos y techos de pladur y la carpintería de madera en tablero DM para puertas, revestimientos de solados de altillos y armarios, todo pintado de blanco y gris. El baño vestidor principal dispone de una bañera ducha, con un paramento cilíndrico que la envuelve e iluminada por un gran lucernario.

Location: Madrid, Spain I **Date of construction:** 2003 I **Surface Area:** 195 m² I **Photographer:** Luis Ángel Baltanás
Ubicación: Madrid, España I **Fecha de realización:** 2003 I **Superficie:** 195 m² I **Fotografía:** Luis Ángel Baltanás

The great height of the ceilings has allowed for the creation of mezzanines via concrete platforms at different heights, so that the light enters both from the side windows and the skylight on the ceiling without obstacles.

La altura de los techos ha permitido crear entresuelos colocando plataformas de hormigón a distintas alturas. Así, la luz entra sin obstáculos desde las ventanas laterales y desde el lucernario del techo.

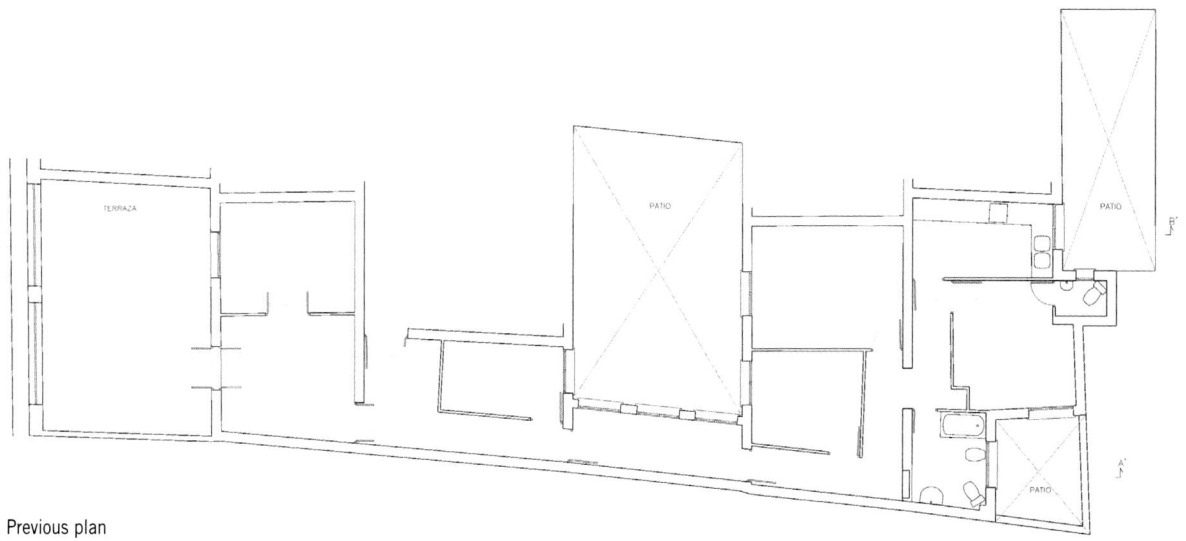

Previous plan

Planta original

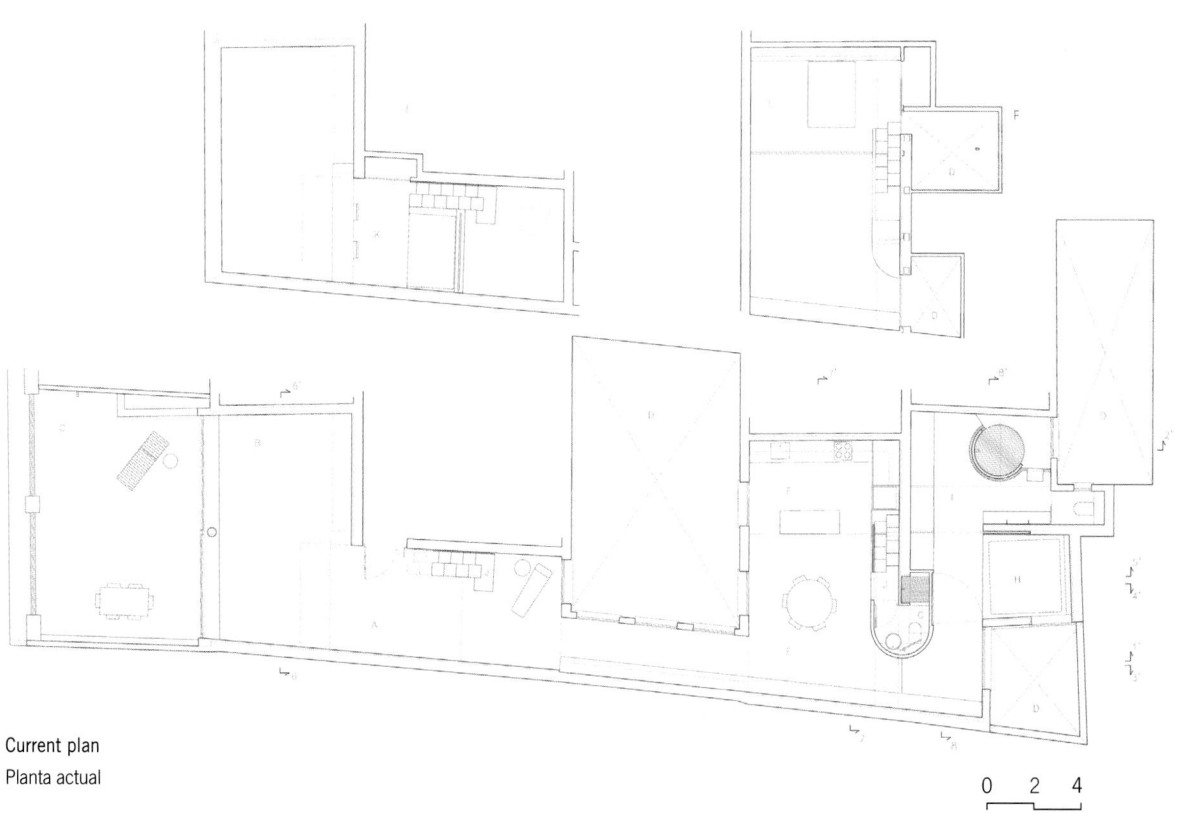

Current plan

Planta actual

0   2   4

Sections
Secciones

0 1 2

The central and cylindrical
volume that articulates the loft
integrates several service spaces,
such as the toilets, storage units
and the stairs which lead to the
guest room.

El volumen que articula los espacios
de este loft, de forma cilíndrica,
integra varias zonas de servicio,
como aseos, armarios y la escalera
que conduce a la habitación
de invitados.

Penthouse Bentley
Ático Bentley

JULIE BRION & TANGUY LECLERCQ

The project consisted in the conversion of the attics of a former hospital into a 120 m² loft and 180 m² duplex. The existing building was an empty shell, although with the inconvenience of housing various concrete pillars. By way of a concept of centrifugal force, it was decided to liberate the center of the space, the highest point, and project the living areas here. The installations and fitted furniture were situated towards the ends, in the low angles and as close as possible to the supporting walls. The pillars were clad and integrated as cupboards and closets in contact with the walls. This way a linear and uniform space was achieved.

This design liberates perspectives and facilitates a large and fluid circulation. Due to their height, the two apartments receive a lot of natural light, enhanced by the white chosen for the walls and cupboards. The natural rock surfaces of the kitchens and bathrooms, and the wood finishes help to create a warm atmosphere, accentuated thanks to the installation of indirect lighting.

El proyecto ha consistido en la reconversión de los áticos de un antiguo hospital en un loft de 100 m² y un dúplex de 150 m². El edificio era un armazón vacío, aunque con el inconveniente de que tenía varios pilares de hormigón. Partiendo de un concepto de fuerza centrífuga, se ha decidido liberar el centro del espacio, donde los techos son más altos, y proyectar las zonas de estar aquí. Se han colocado las instalaciones y el mobiliario de obra hacia los extremos, en los ángulos bajos y lo más cerca posible de los muros de carga. Se han revestido los pilares y se han integrado en armarios y alacenas en contacto con los muros. De este modo, se ha obtenido un espacio lineal y uniforme.

El diseño libera perspectivas y facilita una circulación fluida. Debido a su altura, las dos viviendas están dotadas de abundante luz natural, resaltada por el blanco de las paredes y los armarios. Las superficies de cocinas y baños, de piedra natural, y los acabados de madera contribuyen a crear una atmósfera cálida, que se acentúa gracias a la instalación de luces indirectas.

Location: Brussels, Belgium I **Date of construction:** 2004 I **Surface Area:** 250 m² I **Photographer:** Laurent Brandajs
Ubicación: Bruselas, Bélgica I **Fecha de realización:** 2004 I **Superficie:** 250 m² I **Fotografía:** Laurent Brandajs

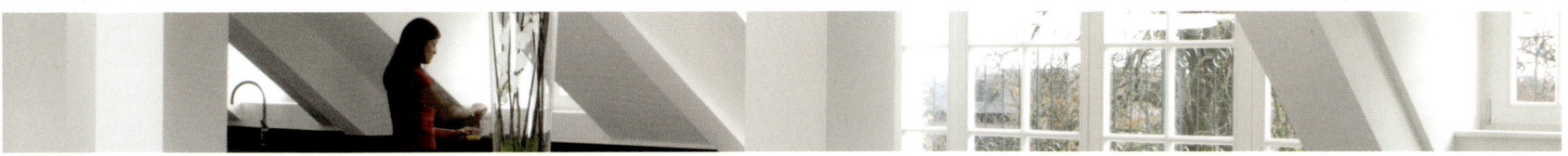

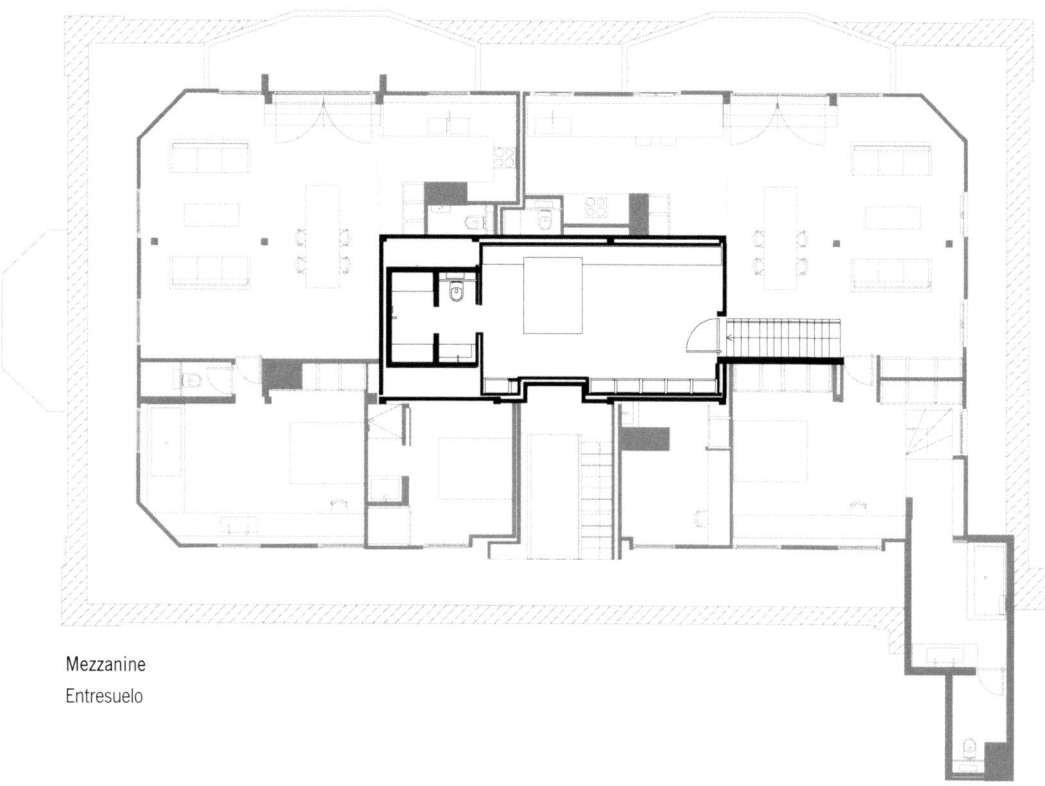

Mezzanine

Entresuelo

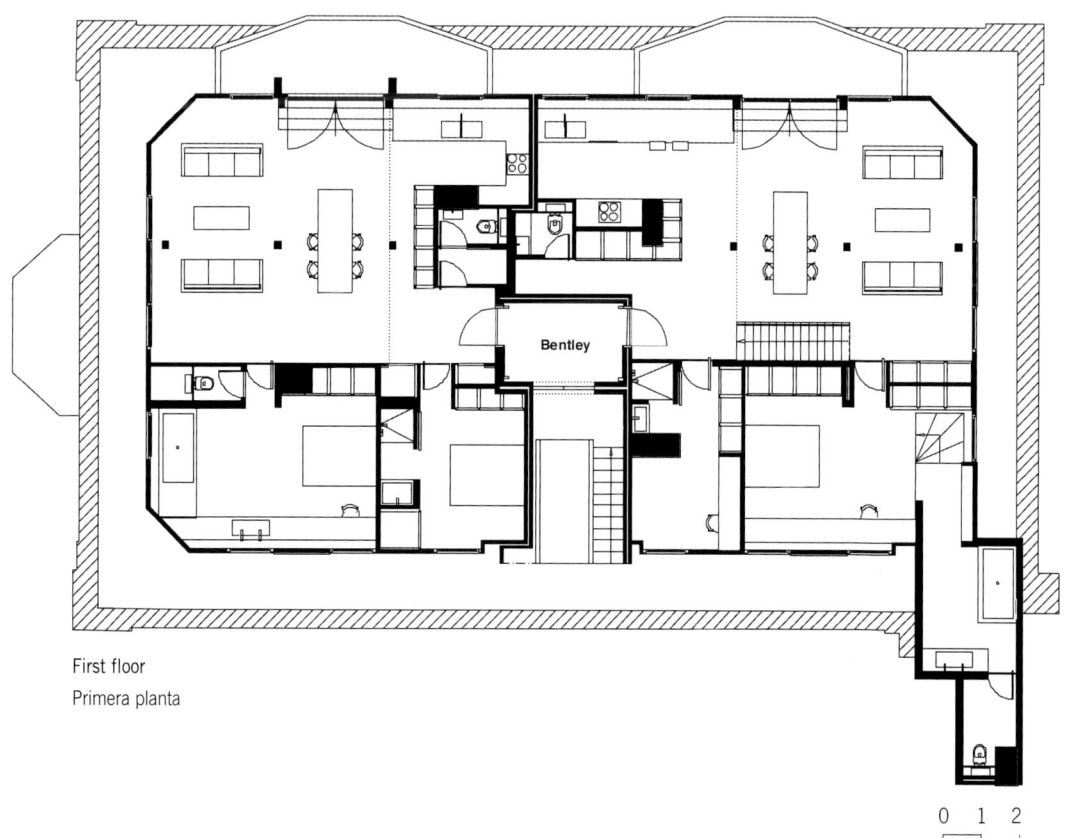

Bentley

First floor

Primera planta

0 1 2

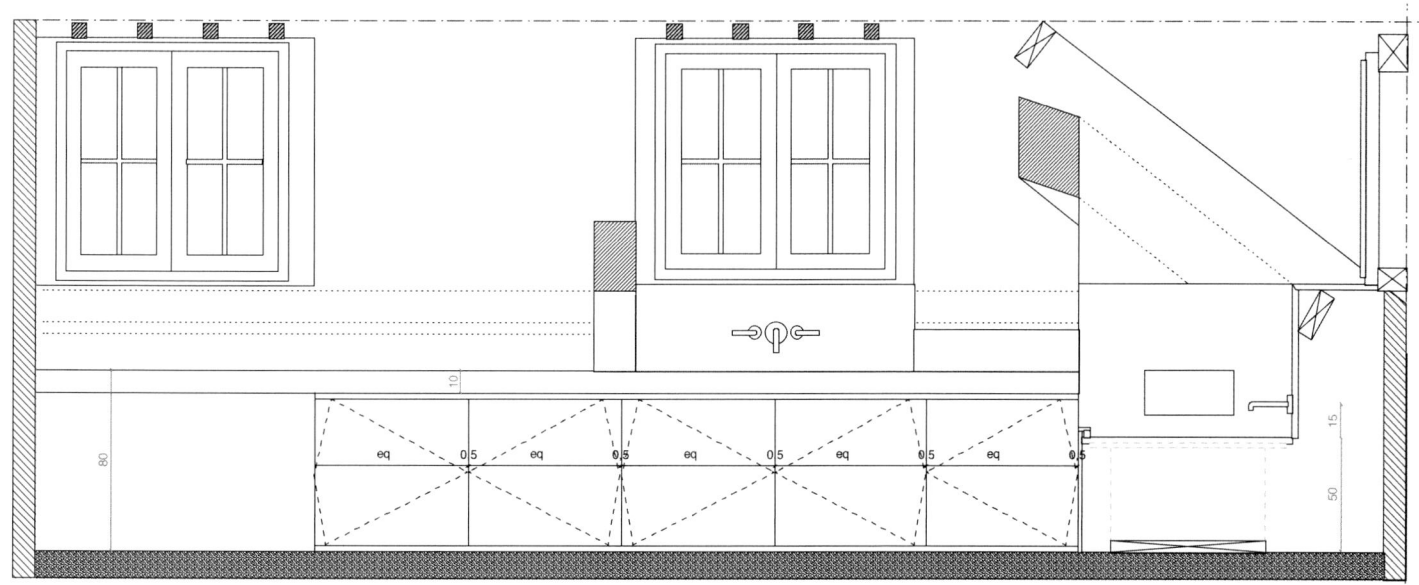

Kitchen elevation

Alzado de la cocina

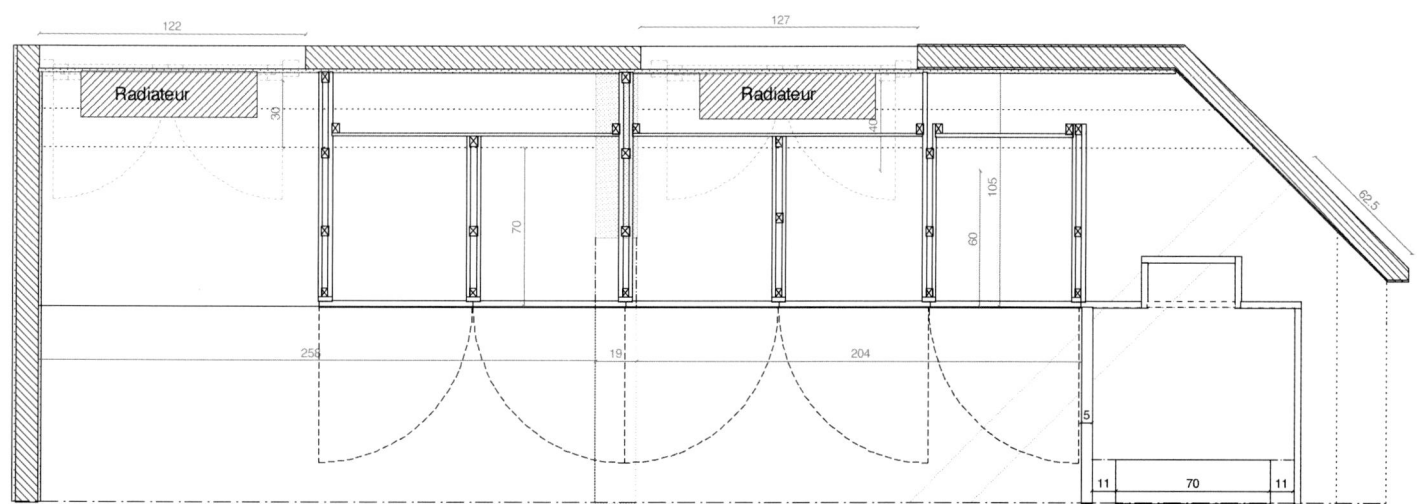

Kitchen details

Detalles de la cocina

Schaeffer Novelli House
Casa Schaeffer Novelli

NAVE ARQUITETOS

The initial project was the restoration of an existing structure, to which a floor was to be added. However, the preliminary analysis showed a deterioration that made the extension impossible and it was decided that demolishing the existing construction would be the simplest and most economic option. The new house respects the previous one as well as its relation with the neighborhood. Also the projection of the new building was able to respond quite precisely to the needs of the clients, a young couple.

The concrete structure consists of two pillars, which support the ceiling framework. The building presents a transparent exterior, which amplifies the amount of light that enters the house as well as affording views of the garden from inside. This transparency organizes the house's functional spaces, while also creating a link with the exterior, which balances the reduced dimensions of the space. The steel staircase runs around this transparent surface repeating the relation between the house and its environment. On the upper floor, the bedroom is separated from the other areas and afforded privacy by way of a wardrobe. The light is regulated through a system of blinds set up on a secondary exterior structure. A central body contains the bathrooms and the technical installations, which provide light and ventilation; with this solution the efficiency of these installations is increased both during and after construction.

This house draws on the traditions of homes in São Paulo, as well as incorporating improvements like the central body, the spectacular linear staircase and the transparent shell, essential in the conception of this project.

El proyecto inicial consistía en la reforma de una vivienda que incluía la construcción de un nuevo piso. Sin embargo, el análisis preliminar evidenció un deterioro que hacía imposible la ampliación, por lo que se optó por derribar la construcción existente como la solución más sencilla y económica. La nueva casa respeta la memoria de la anterior, así como su relación con las características del vecindario.

La estructura de hormigón se compone de dos pilares que soportan el forjado. La gran superficie de cristal de la fachada aumenta la cantidad de luz en el interior y permite disfrutar de las vistas y del jardín. A partir de esta transparencia se organizan los espacios funcionales de la casa y se crea un vínculo con el exterior que equilibra lo reducido del espacio. La escalera de acero recorre esta superficie acristalada enfatizando la relación entre la casa y su entorno.

En el piso superior, el dormitorio se encuentra separado del resto del espacio mediante un armario. Un enrejado de láminas, montadas sobre una estructura en el exterior, permiten regular la cantidad de luz natural. Un cuerpo central alberga los cuartos de baño y las instalaciones que proporcionan luz y ventilación; con esta solución se incrementa la eficacia del funcionamiento de estas instalaciones durante y después de la construcción. Así pues, esta casa recoge la tipología tradicional de las viviendas paulistas e incorpora mejoras como el volumen central, la espectacular escalera y la estructura de cristal, esencial en la concepción de este proyecto.

Location: São Paulo, Brazil I **Date of construction:** 2003 I **Surface Area:** 80 m² I **Photographer:** Nelson Kón
Ubicación: São Paulo, Brasil I **Fecha de realizacion:** 2003 I **Superficie:** 80 m² I **Fotografía:** Nelson Kón

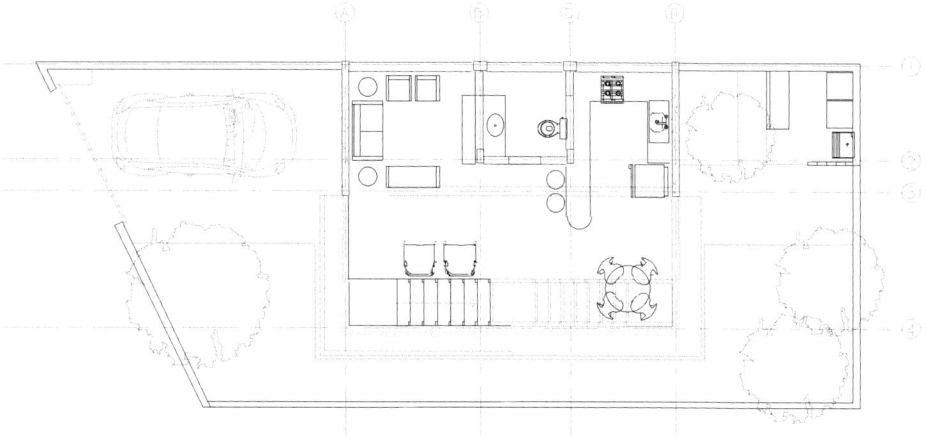

Ground floor

Planta baja

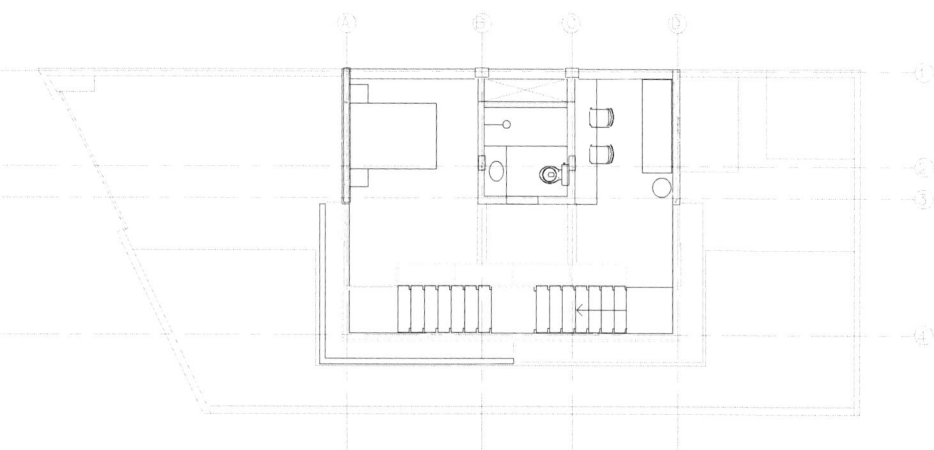

First floor

Primera planta

Roof plan

Planta de la cubierta

0 1 2

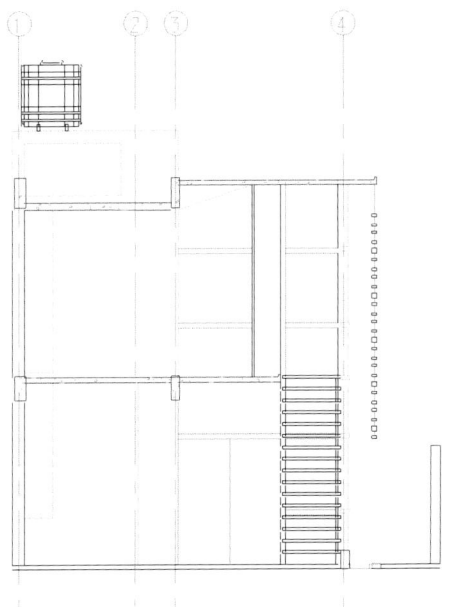

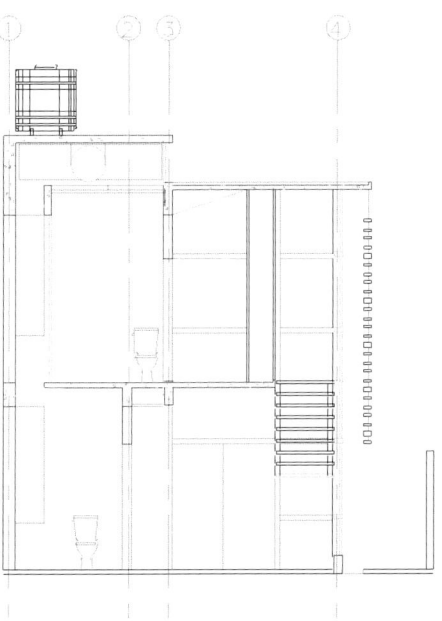

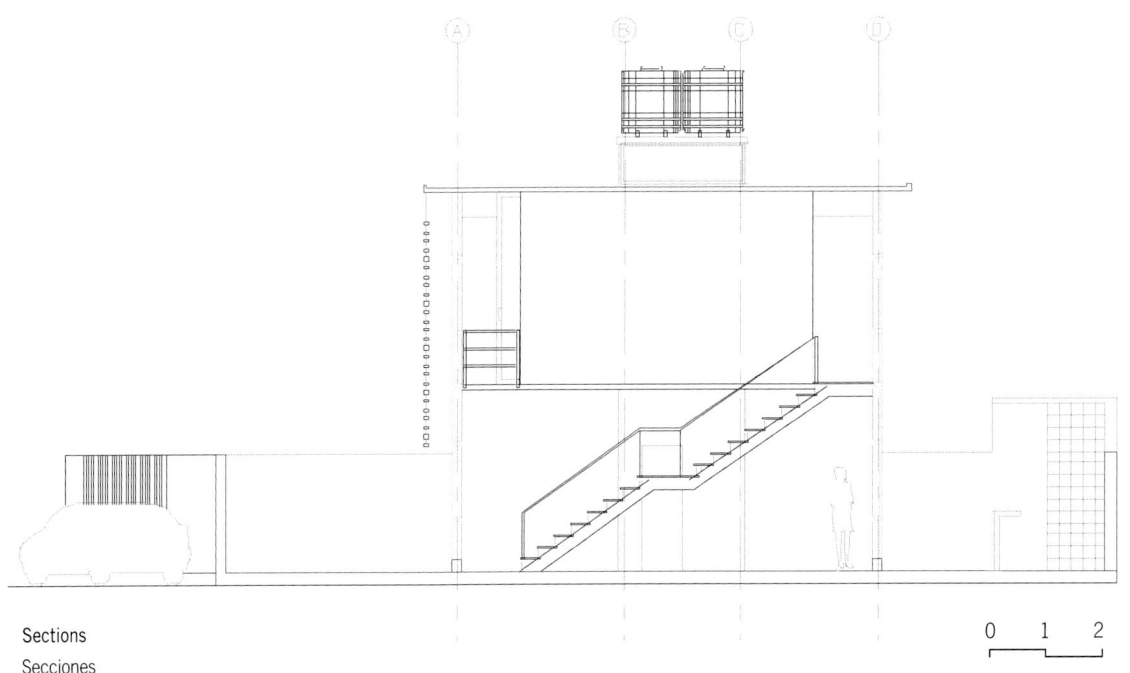

Sections

Secciones

0   1   2

The use of glass panels to separate the bathroom allows natural light to enter a dark area, as well as avoiding the total fragmentation of the space.

La utilización de paneles de cristal para separar el baño permite el paso de la luz natural en una zona oscura, y evita la fragmentación del espacio.

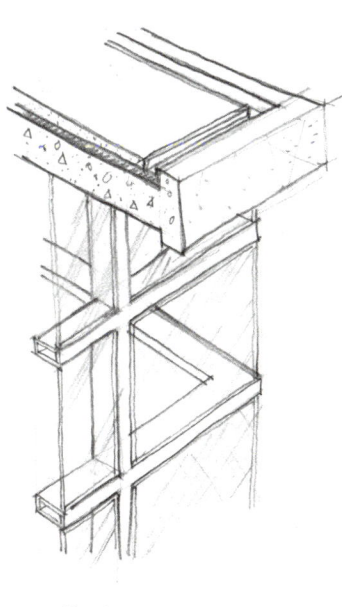

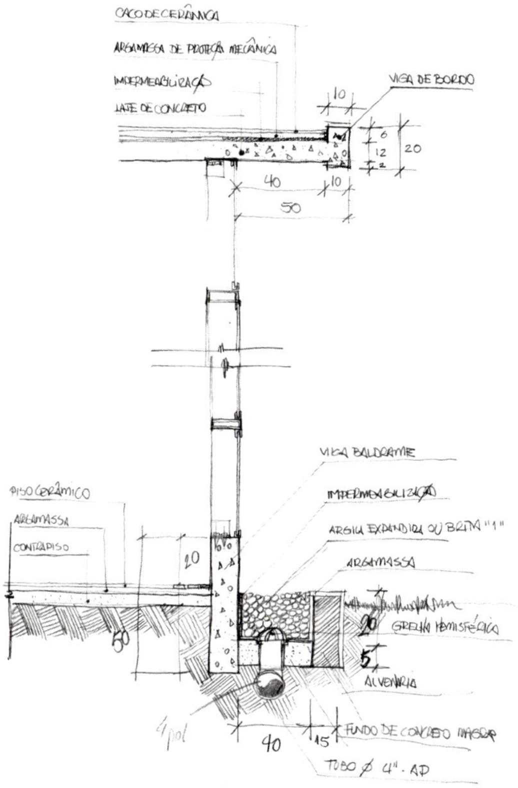

Sketches

Esbozos

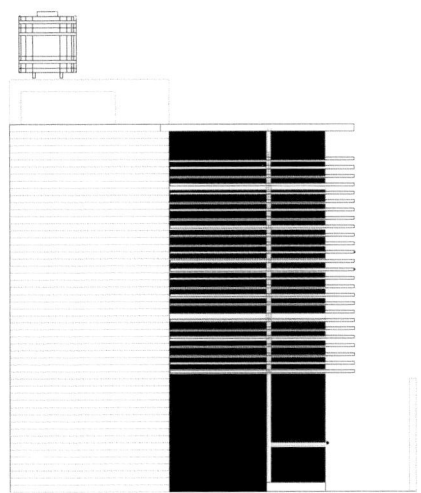

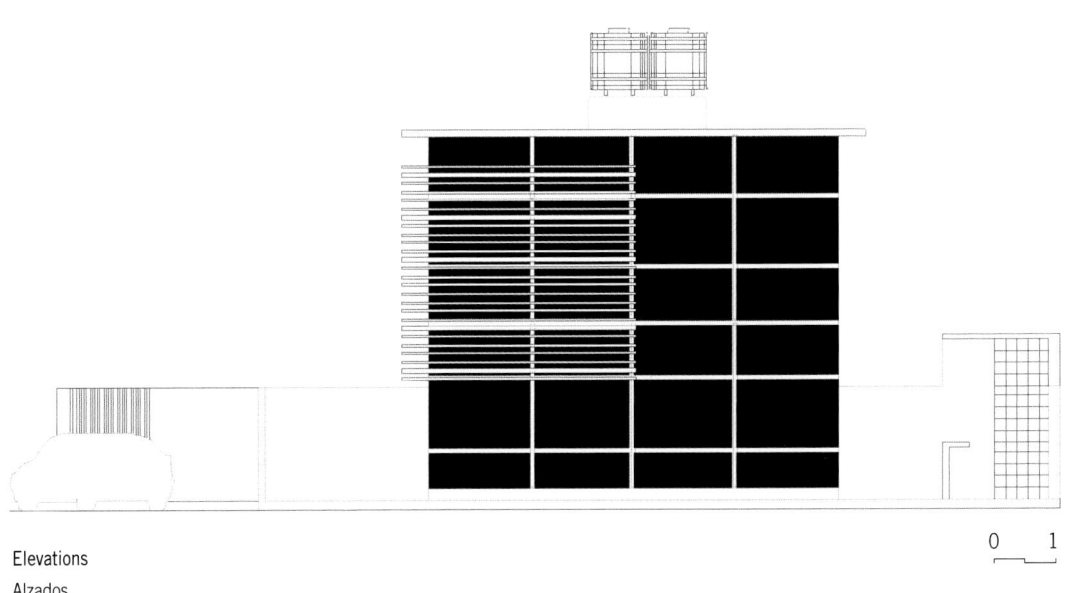

Elevations

Alzados

0   1

The wall parallel to the glass façade has been decorated with geometric figures in colors that transmit the effect of the vivid and warm materials of the private areas of the home to the exterior.

Se ha decorado el muro paralelo a la fachada de cristal con figuras geométricas de colores que transmiten en el exterior el efecto de los materiales vivos y cálidos de las zonas privadas de la vivienda.

Flynn Penthouse
Ático Flynn

SMITH-MILLER & HAWKINSON ARCHITECTS

Where there used to be an attic divided into small rooms, with speculation in mind, in the bustling neighborhood of Tribeca a restoration was planned that basically consisted of opening spaces, unifying functions and creating visual connections between the north and south facing views of the apartment.

The ground floor includes a hallway with direct access from the elevator, an integrated kitchen, a complete bathroom, a library-study and a living area with dining table and fireplace. A central storage cupboard, activated through a mechanical system, is used to store various household items without contaminating the visual space. Materials such as pear wood and the limestone from the tiles have been used in abundance throughout the surfaces to unify the spaces. On the upper floor the numerous partition walls have been torn down to build a music auditorium with views to the north and a suite that takes up the rest of the surface area, with a separate dressing room and toilet. The bathtub is integrated into the open space, above the living, and from where there are splendid views over the city. The steel and glass zigzagged staircase connects the two heights, running around and protruding from the mezzanine. Solid steps of bamboo, which were especially made, give the floor continuity. The mezzanine seems to be hanging over the living room, allowing views down to the terrace and beyond, including the profile of the city.

En lo que había sido un ático muy compartimentado situado en el bullicioso barrio de Tribeca, se proyectó una remodelación que consistió en abrir espacios y crear conexiones visuales entre las orientaciones norte y sur del apartamento.

La planta baja incluye un vestíbulo al que se accede directamente desde el ascensor, una cocina, un baño completo, un estudio biblioteca y una zona de estar con comedor y chimenea. Un armario central de almacenaje, accionado mediante un sistema mecánico, permite guardar enseres sin contaminar el espacio visual. Destacan materiales como la madera de peral y la piedra caliza de las baldosas, que permiten unificar el espacio. En el piso superior se han derribado los numerosos tabiques para construir un auditorio con vistas al norte y una suite que ocupa el resto de la superficie, con un vestidor y una zona de aseo separados. La bañera se integra en el espacio abierto, y desde ella se aprecian espléndidas vistas de la ciudad. La escalera en zigzag de acero y cristal, con sólidos peldaños de bambú, conecta las dos alturas recorriendo el entresuelo en voladizo, que parece suspendido sobre la sala de estar permitiendo que la vista se prolongue hasta la terraza y abarcando, más allá, el perfil de la ciudad.

Location: New York, NY, USA | **Date of construction:** 2004 | **Surface Area:** 325 m² | **Photographer:** Matteo Piazza
Ubicación: Nueva York, EE UU | **Fecha de realización:** 2004 | **Superficie:** 325 m² | **Fotografía:** Matteo Piazza

The profound restoration carried out on this attic has allowed the light to reach interior spaces. The steel stairs appear to ascend to the sky thanks to the large windows on the ceiling.

La reforma realizada en este ático ha permitido que la luz llegue a los espacios interiores. La escalera de acero parece ascender hacia el cielo gracias a los ventanales de la cubierta.

North elevation
Alzado norte

0   2   4

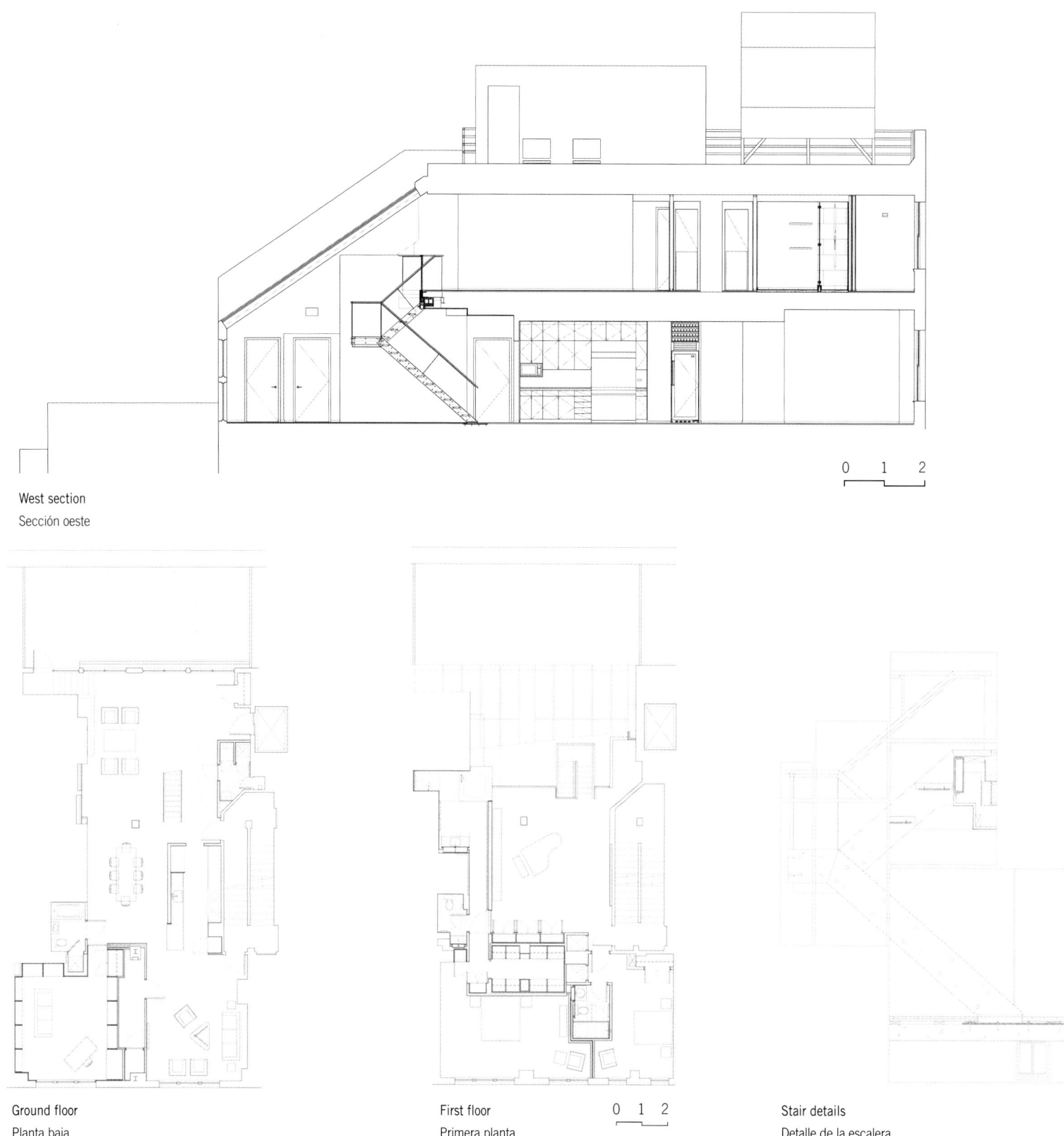

West section

Sección oeste

0 1 2

Ground floor

Planta baja

First floor

Primera planta

0 1 2

Stair details

Detalle de la escalera

Loft in Gleimstrasse
Loft en Gleimstrasse

GRAFT-GESELLSCHAFT VON ARCHITEKTEN

The transformation of the roof of a typical 19th century building, located in one of the most fashionable areas of Berlin, in an apartment for both living and working in, has presented the challenge of designing an exceptional and very personal interior. The ends of the apartment have been conceived as open spaces, practically free of furniture, which can be opened and shut via a system of sliding doors. A central module with curved volumes integrates the staircase, the services and the storage area. The ends have been emptied and house the private areas, such as the bathrooms. This *mega-forma* also constitutes a partition between the open and fluid loft area and the spaces destined to cover daily functions: living room, dining area and kitchen. Many functions have been integrated in this volume, beds, benches, sofas, changing rooms or shelves, inviting us to use spaces, which normally just surround us. Various sliding panels allow subdivisions of the space around the central nucleus, for example, to join the bathrooms to the adjacent bedrooms and transform them into suites. The balconies extend the interior of the apartment, offering splendid views over the city.

La transformación de la terraza de un edificio típico del siglo XIX, situado en una de las zonas de moda de Berlín, en un apartamento para vivir y trabajar ha entrañado la aventura de diseñar un interior atípico y muy personal. Los extremos de la vivienda se han concebido como espacios abiertos, prácticamente sin mobiliario, que pueden abrirse y cerrarse mediante puertas correderas. Un módulo central de líneas curvas integra la escalera, los servicios y la zona de almacenaje, y se han vaciado los extremos para acoger zonas privadas como los baños. Esta gran estructura permite separar la zona del loft abierta y fluida de los espacios comunes como la sala de estar, el comedor y la cocina. Se han instalado en este volumen camas, bancos, sofás, vestidores y estanterías, invitando a utilizar espacios que normalmente solo nos rodean. Varios paneles correderos permiten dividir el espacio alrededor del núcleo central y unir, por ejemplo, los baños con las habitaciones adyacentes y transformarlas en suites. Los balcones prolongan el interior de la vivienda proporcionando espléndidas vistas de la ciudad.

Location: Berlin, Germany | **Date of construction:** 2004 | **Surface Area:** 220 m² | **Photographer:** Werner Huthmacher
Ubicación: Berlín, Alemania | **Fecha de realización:** 2004 | **Superficie:** 220 m² | **Fotografía:** Werner Huthmacher

The central module of this immense loft integrates different functions and spaces, which create surprising and multi-purpose shapes that house personal objects and service or rest spaces.

La parte central de este inmenso loft integra distintas funciones y espacios, creando formas sorprendentes y polivalentes que se convierten en muebles y albergan zonas de servicios o de descanso.

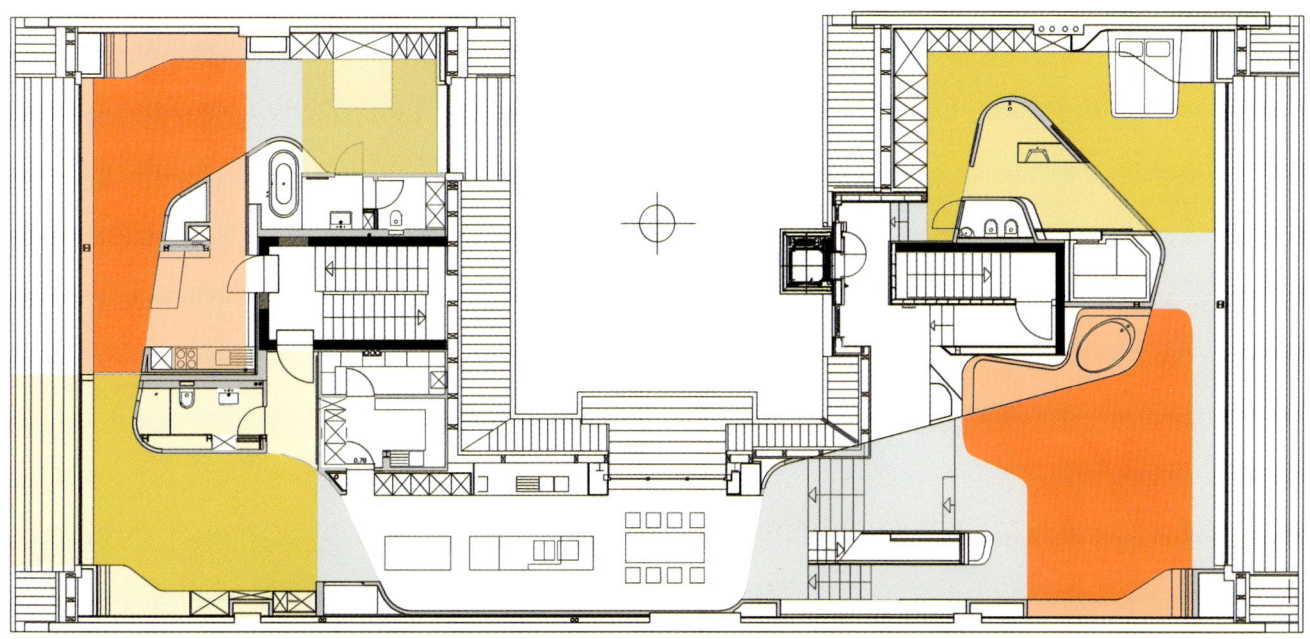

Zones

Señalización de zonas

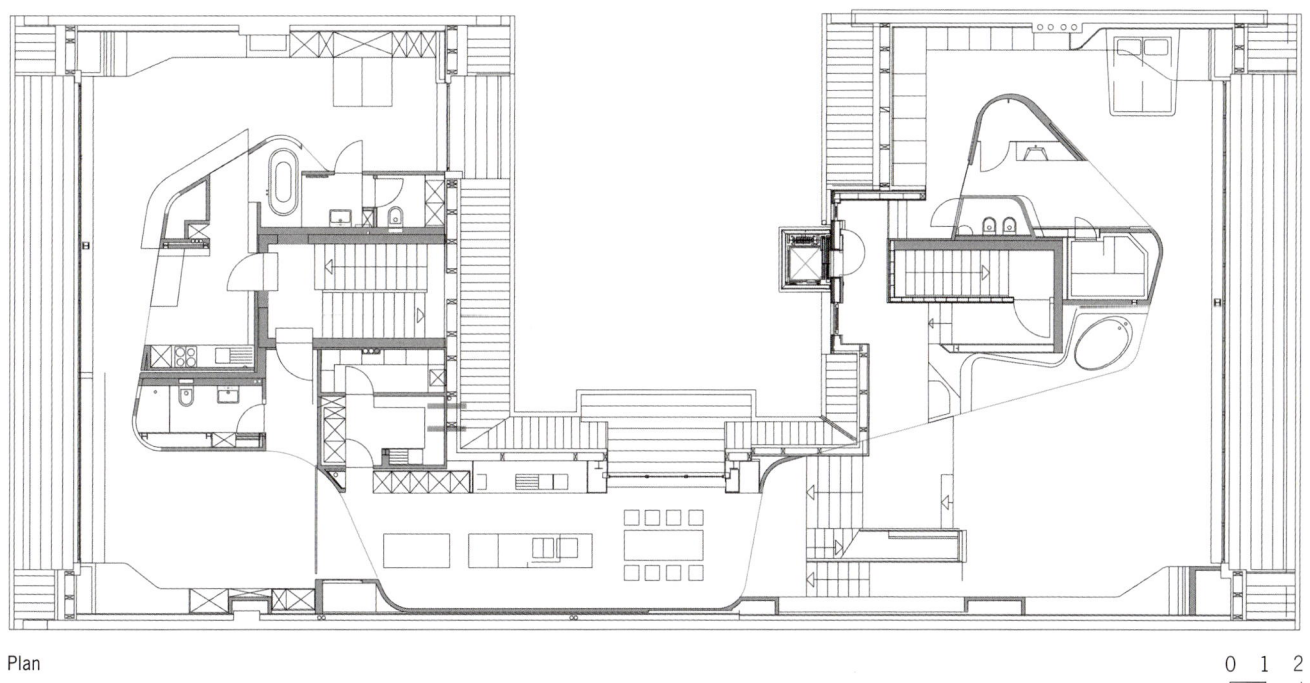

Plan

Planta

0 1 2

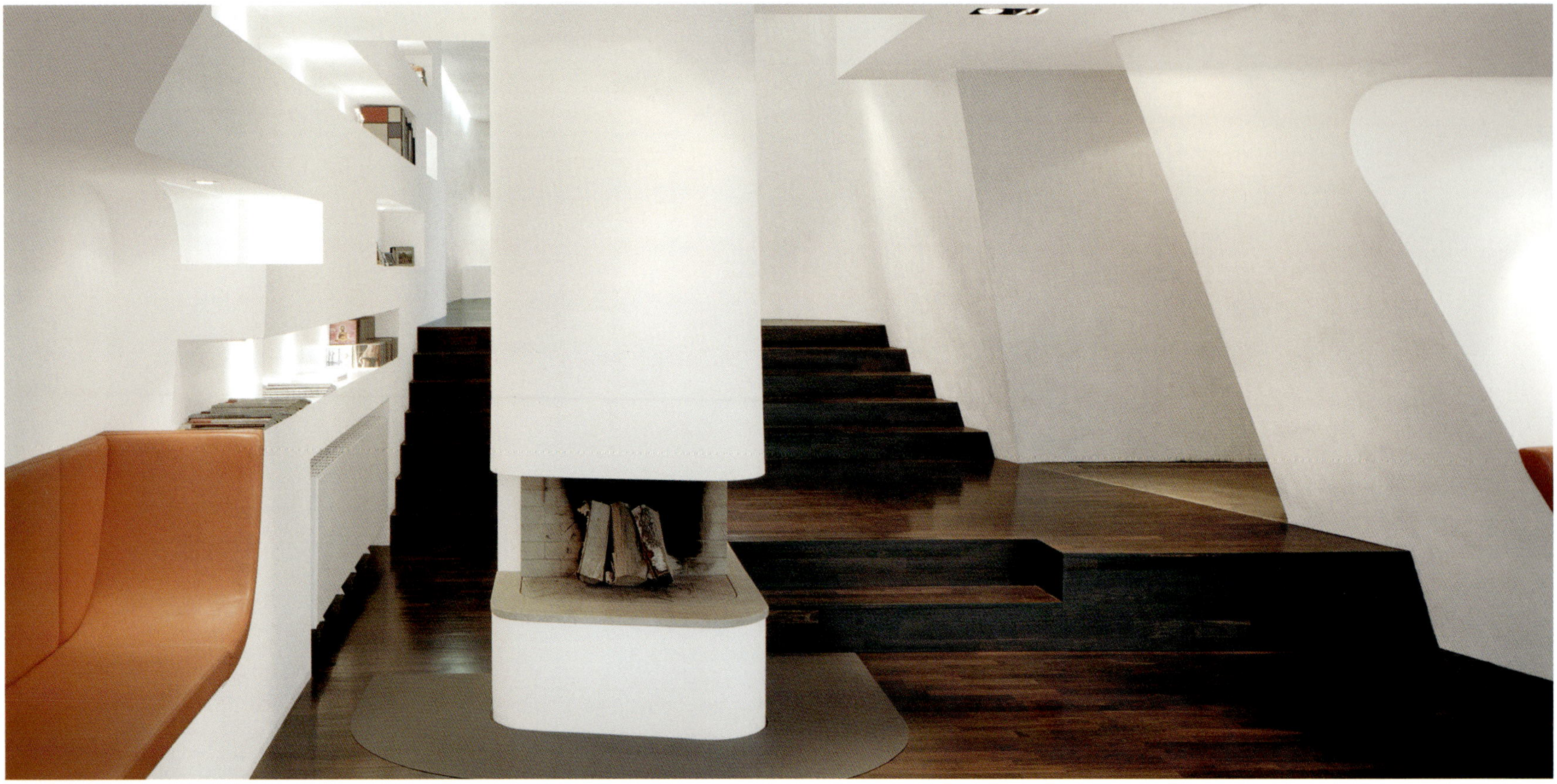

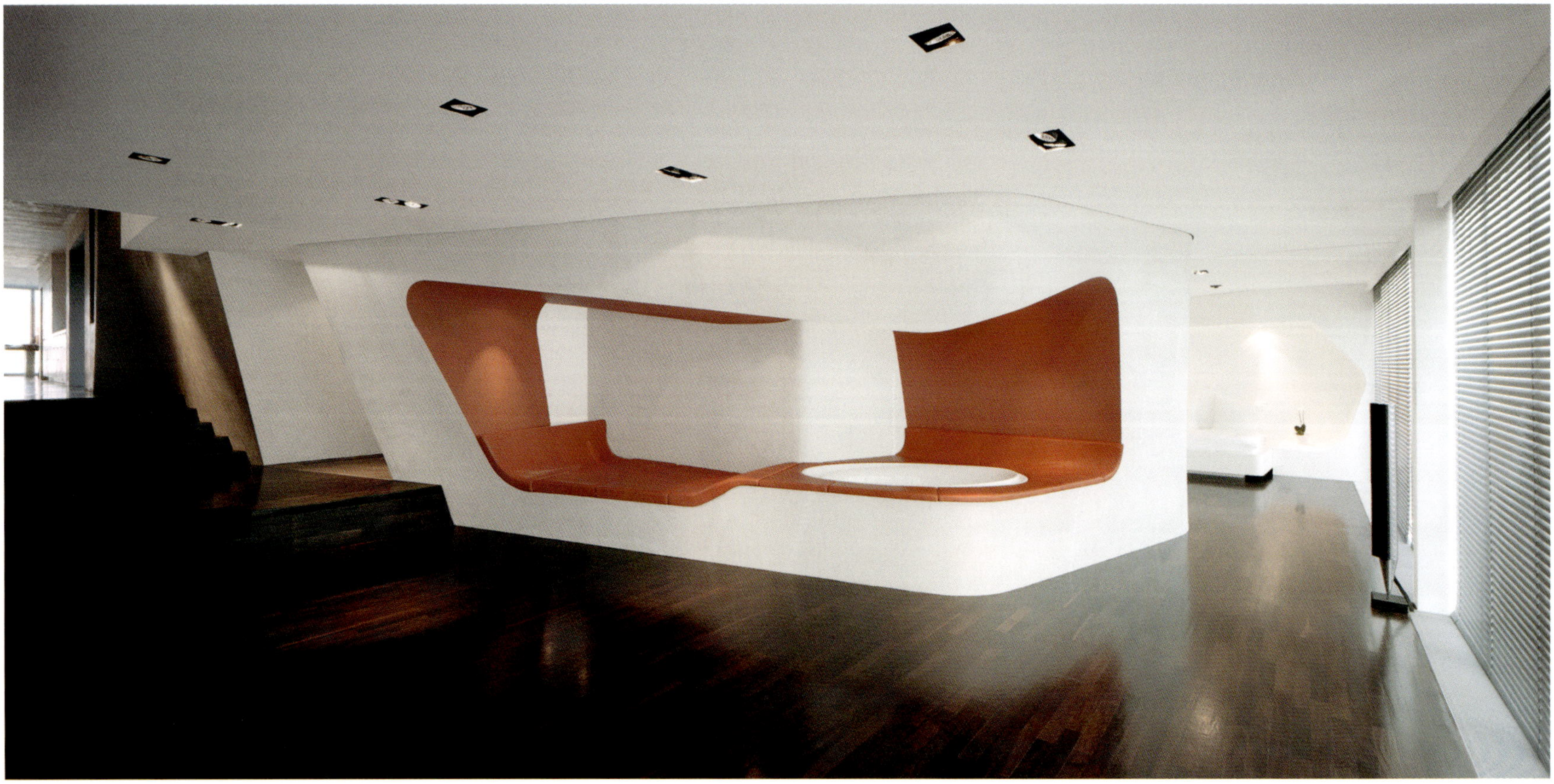

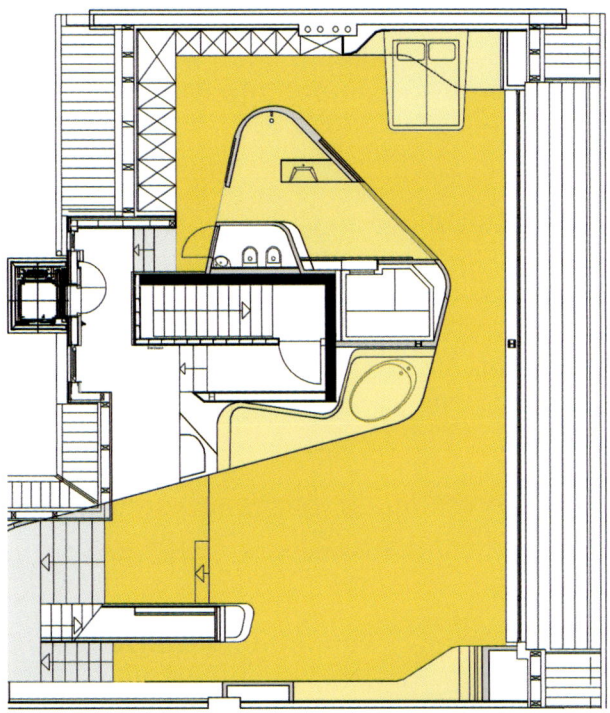

West detail

Detalle del ala oeste

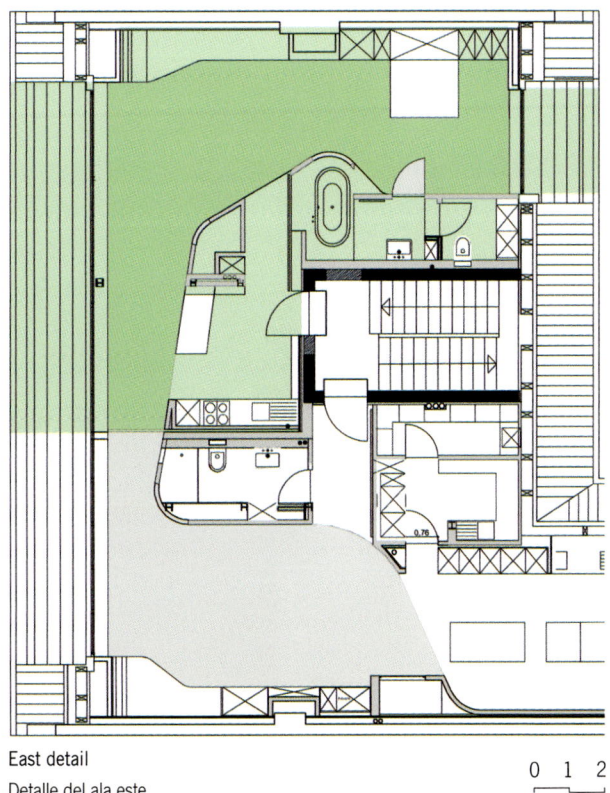

East detail

Detalle del ala este

0 1 2

Loft in Eixample
Loft en el Eixample

DATA AE

Joining functions in a compact volume to allow the space to flow freely, without obstacles, has been the concept from which the renovation of this light filled attic, divided into small bedrooms, has been carried out. The partition walls have been eliminated and on the ground floor a long module has been built that joins various services and thus liberates the maximum amount of space. Face on, the living area is shown as an immense bookshelf with cupboards and drawers, finished off with an innovative fireplace, also integrated into the module. In the kitchen, however, the same volume becomes a storage area, worktop and kitchen surface. Since it is a continual space, the natural light reaches the entire floor, which is extended thanks to the large terrace with open views over the city.

By creating a minimum angle at one end of the module, the stairs could also be integrated, which lead to the top floor, where the bathroom, main bedroom, dressing room and a study, which is sporadically converted into an extra bedroom, are all located. The loft concept has also been applied in the private areas through the installation of sliding doors, which unify or separate the spaces depending on what the needs are at any given time.

Integrar distintos usos en un volumen compacto para conseguir que el espacio fluya libremente ha sido la premisa a partir de la cual se ha llevado a cabo la reforma de este luminoso ático, fragmentado en pequeñas habitaciones. Se han eliminado tabiques y en la planta baja se ha colocado una estructura de gran longitud que reúne varios servicios y aprovecha el espacio al máximo. Hacia la zona de estar se presenta como una inmensa librería con armarios y cajones, con una innovadora chimenea. En la cocina, sin embargo, el mismo volumen se convierte en zona de almacenaje, encimera y superficie de trabajo. Al ser un espacio continuo, la luz natural alcanza toda la profundidad de la planta, que se amplía gracias a la gran terraza con vistas a la ciudad.

Al formarse un ángulo en un extremo del módulo, se ha podido integrar la escalera que conduce a la planta superior, donde se encuentran el baño, el dormitorio principal, el vestidor y un estudio que puede convertirse en dormitorio adicional. El concepto de loft se ha aplicado también en las zonas privadas mediante la instalación de puertas correderas que unifican o separan los espacios según las necesidades.

Location: Barcelona, Spain | **Date of construction:** 2004 | **Surface Area:** 145 m² | **Photographer:** René Pedersen
Ubicación: Barcelona, España | **Fecha de realización:** 2004 | **Superficie:** 145 m² | **Fotografía:** René Pedersen

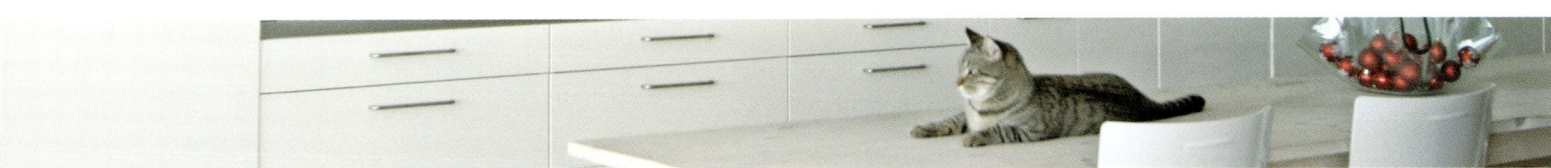

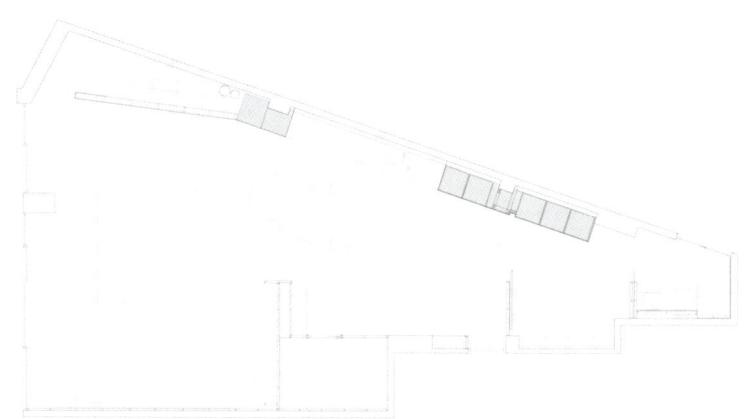

Ground floor
Planta baja

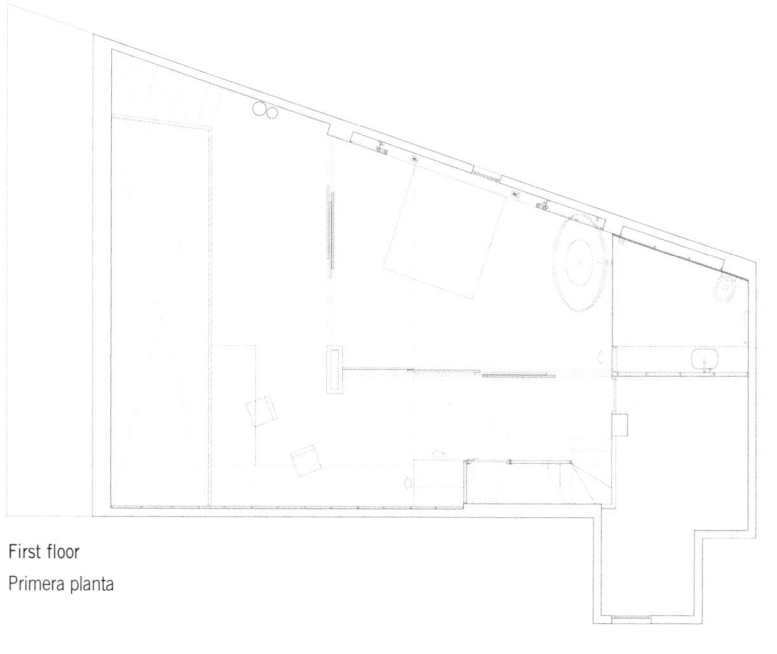

First floor
Primera planta

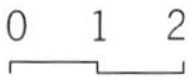

0 1 2

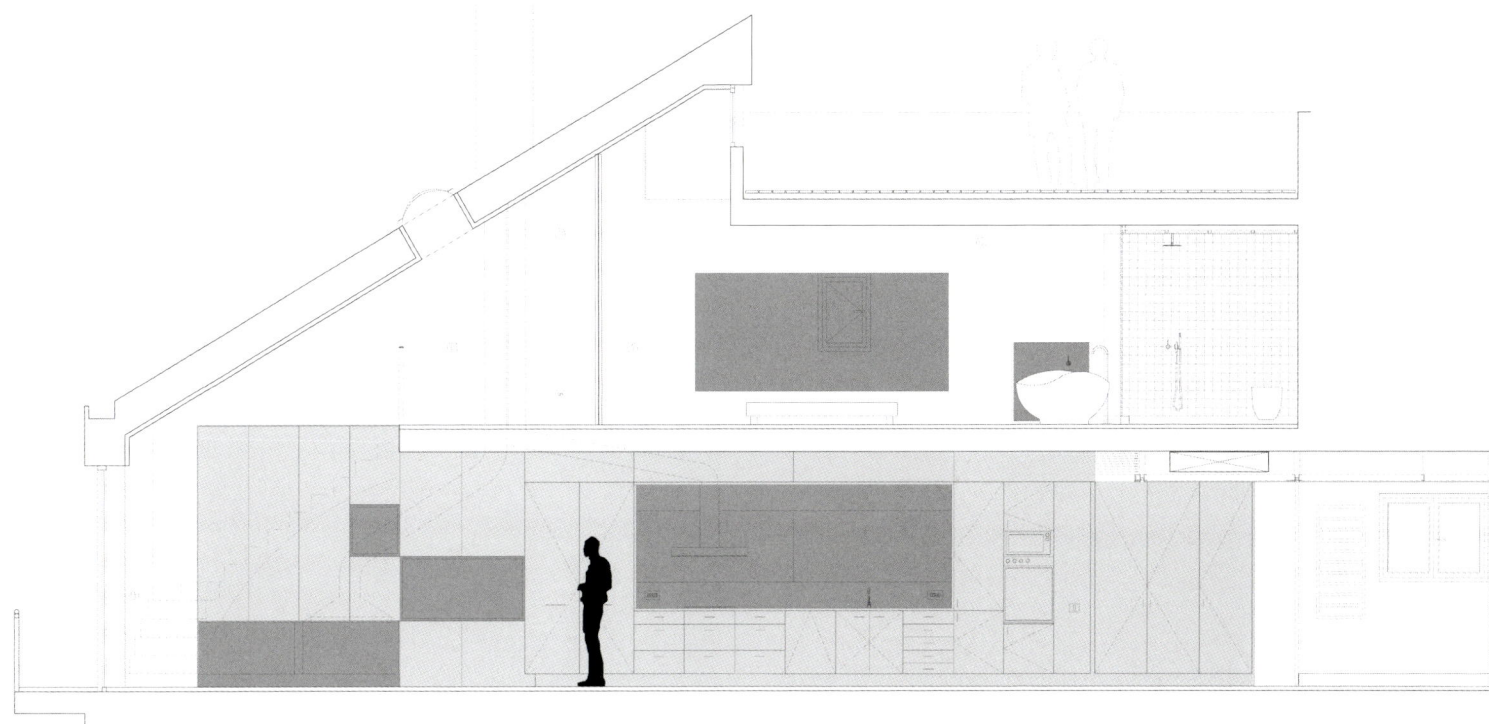

Section

Sección

0　1　2

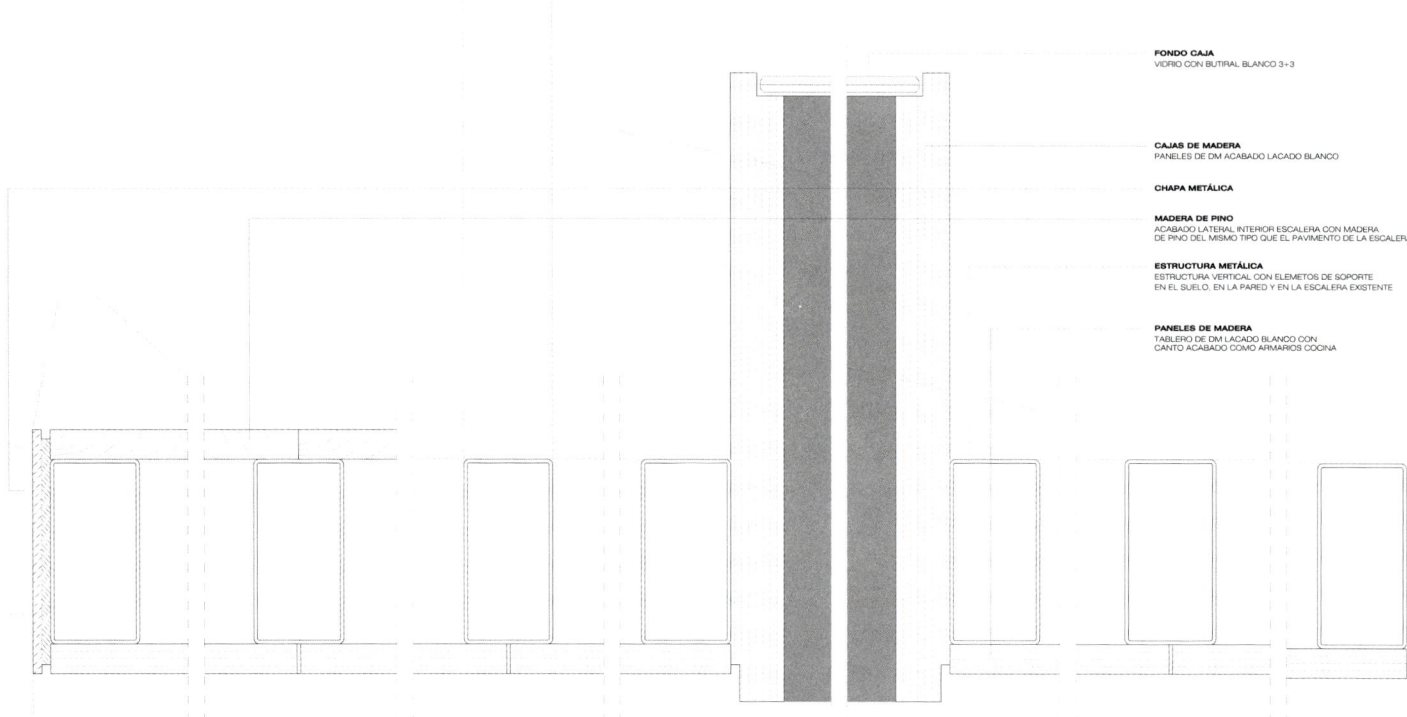

FONDO CAJA
VIDRIO CON BUTIRAL BLANCO 3+3

CAJAS DE MADERA
PANELES DE DM ACABADO LACADO BLANCO

CHAPA METÁLICA

MADERA DE PINO
ACABADO LATERAL INTERIOR ESCALERA CON MADERA
DE PINO DEL MISMO TIPO QUE EL PAVIMENTO DE LA ESCALERA

ESTRUCTURA METÁLICA
ESTRUCTURA VERTICAL CON ELEMETOS DE SOPORTE
EN EL SUELO, EN LA PARED Y EN LA ESCALERA EXISTENTE

PANELES DE MADERA
TABLERO DE DM LACADO BLANCO CON
CANTO ACABADO COMO ARMARIOS COCINA

Furniture detail

Detalle mueble

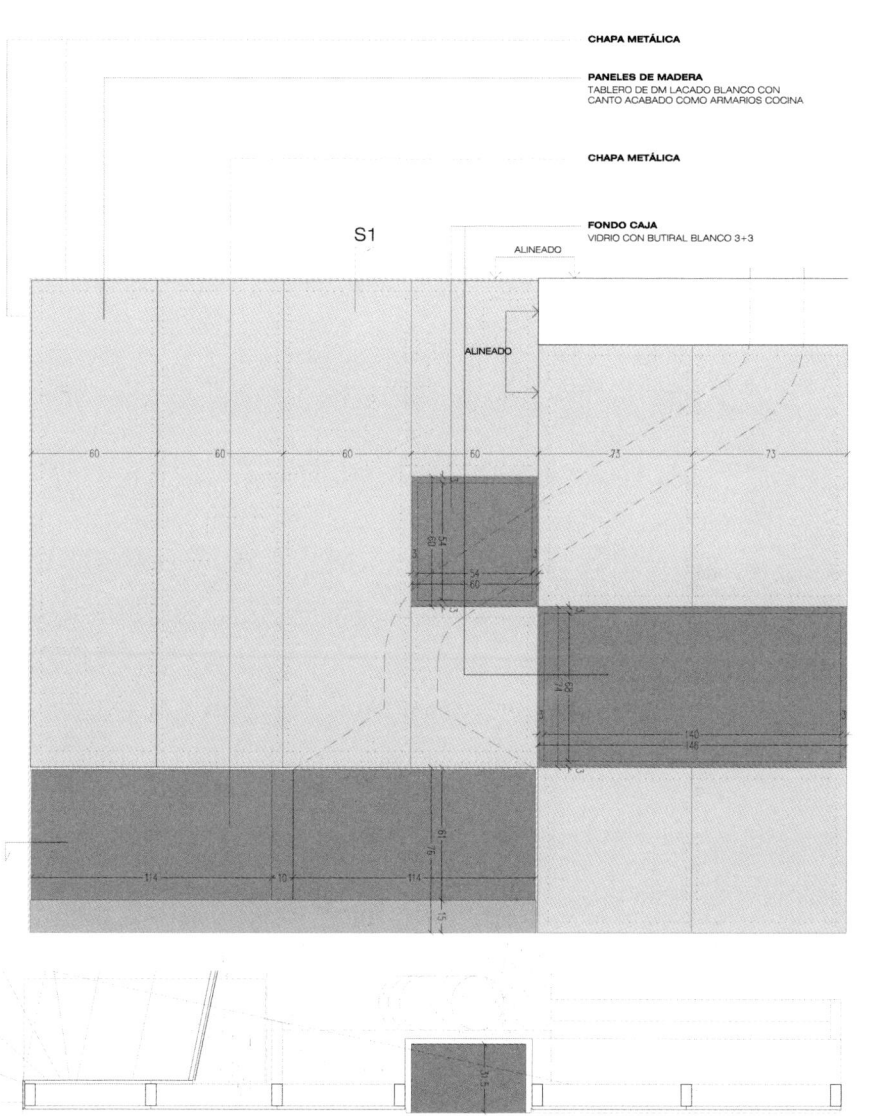

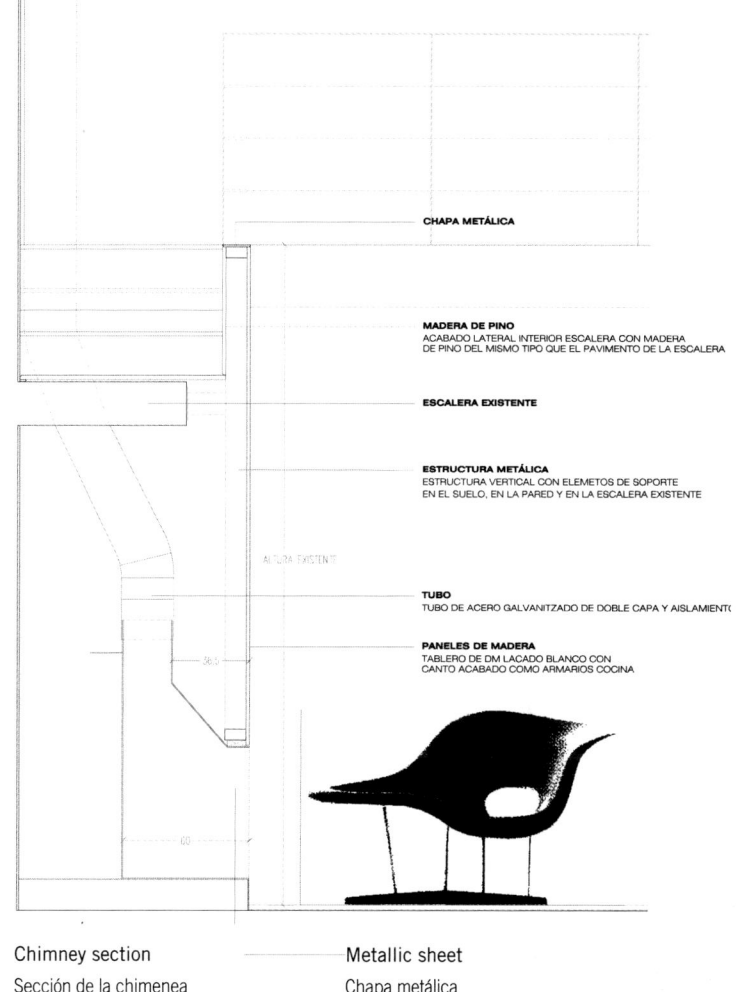

S1

CHAPA METÁLICA

PANELES DE MADERA
TABLERO DE DM LACADO BLANCO CON
CANTO ACABADO COMO ARMARIOS COCINA

CHAPA METÁLICA

FONDO CAJA
VIDRIO CON BUTIRAL BLANCO 3+3

ALINEADO

ALINEADO

CHAPA METÁLICA

MADERA DE PINO
ACABADO LATERAL INTERIOR ESCALERA CON MADERA
DE PINO DEL MISMO TIPO QUE EL PAVIMENTO DE LA ESCALERA

ESCALERA EXISTENTE

ESTRUCTURA METÁLICA
ESTRUCTURA VERTICAL CON ELEMETOS DE SOPORTE
EN EL SUELO, EN LA PARED Y EN LA ESCALERA EXISTENTE

TUBO
TUBO DE ACERO GALVANITZADO DE DOBLE CAPA Y AISLAMIENTO

PANELES DE MADERA
TABLERO DE DM LACADO BLANCO CON
CANTO ACABADO COMO ARMARIOS COCINA

Chimney section — Metallic sheet
Sección de la chimenea Chapa metálica

Chimney elevation and plan
Alzado y planta de la chimenea

Kessell Loft
Loft Kessell

ANIMA ARCHITECTURE & DESIGN

The top floor of an old textile factory situated in a central area of Manhattan was restored and converted into a home and photography studio specialized in daguerreotypes. The existing construction was replaced, which consisted in a traditional plan, split into three bedrooms, three bathrooms and a balcony. When carrying out the project, the architects found inspiration in the sheets of silver emulsion, which the owner used to work on metal surfaces and organic forms. Steel was used in abundance to cover bathrooms and kitchen surfaces and one of the main walls, which contains the fireplace, which establishes a powerful contrast with the wood of the flooring. Partition walls were eliminated, and areas of different usage were defined without having to establish physical divisions. To do this, the walls and doors were substituted for perspex sheets, which absorb the subtle changes in natural light. Industrial materials and finishes are reminiscent of the building's past and of its urban surroundings.

Se ha reformado la última planta de una antigua fábrica textil situada en una zona céntrica de Manhattan para convertirla en vivienda y estudio fotográfico especializado en daguerrotipos. Se ha reemplazado la construcción original, que consistía en una planta tradicional con tres dormitorios, tres baños y una galería. Al realizar el nuevo proyecto, los arquitectos se inspiraron en las placas de emulsión de plata que utiliza el propietario para trabajar superficies metálicas y formas orgánicas. Predomina el acero en las superficies del baño, de la cocina y en una de las paredes maestras, que contiene la chimenea, lo que establece un poderoso contraste con la madera del pavimento. Se han eliminado tabiques, y se han definido áreas de usos distintos sin establecer separaciones físicas. Para ello, las puertas y paredes han sido sustituidas por láminas de plexiglás, que absorben los matices cambiantes de la luz natural. Los materiales y acabados industriales recuerdan el pasado del edificio y de su entorno urbano.

Location: Chelsea, NY, USA I **Date of construction:** 2003 I **Surface Area:** 370 m² I **Photographer:** Paúl Rivera/Erik Piasecki
Ubicación: Chelsea, Nueva York, EE UU I **Fecha de realización:** 2003 I **Superficie:** 370 m² I **Fotografía:** Paúl Rivera/Erik Piasecki

Steel, both in flat sheets and folded, is the main feature in different areas of this home. Its glossy shine reflects the changes in light and also the surroundings it is found in, making a clean and flexible adaptation.

El acero en láminas planas y doblado, es el protagonista. Su brillo satinado refleja los cambios de luz y también el entorno en el que se encuentra, adaptándose a él de forma limpia y flexible.

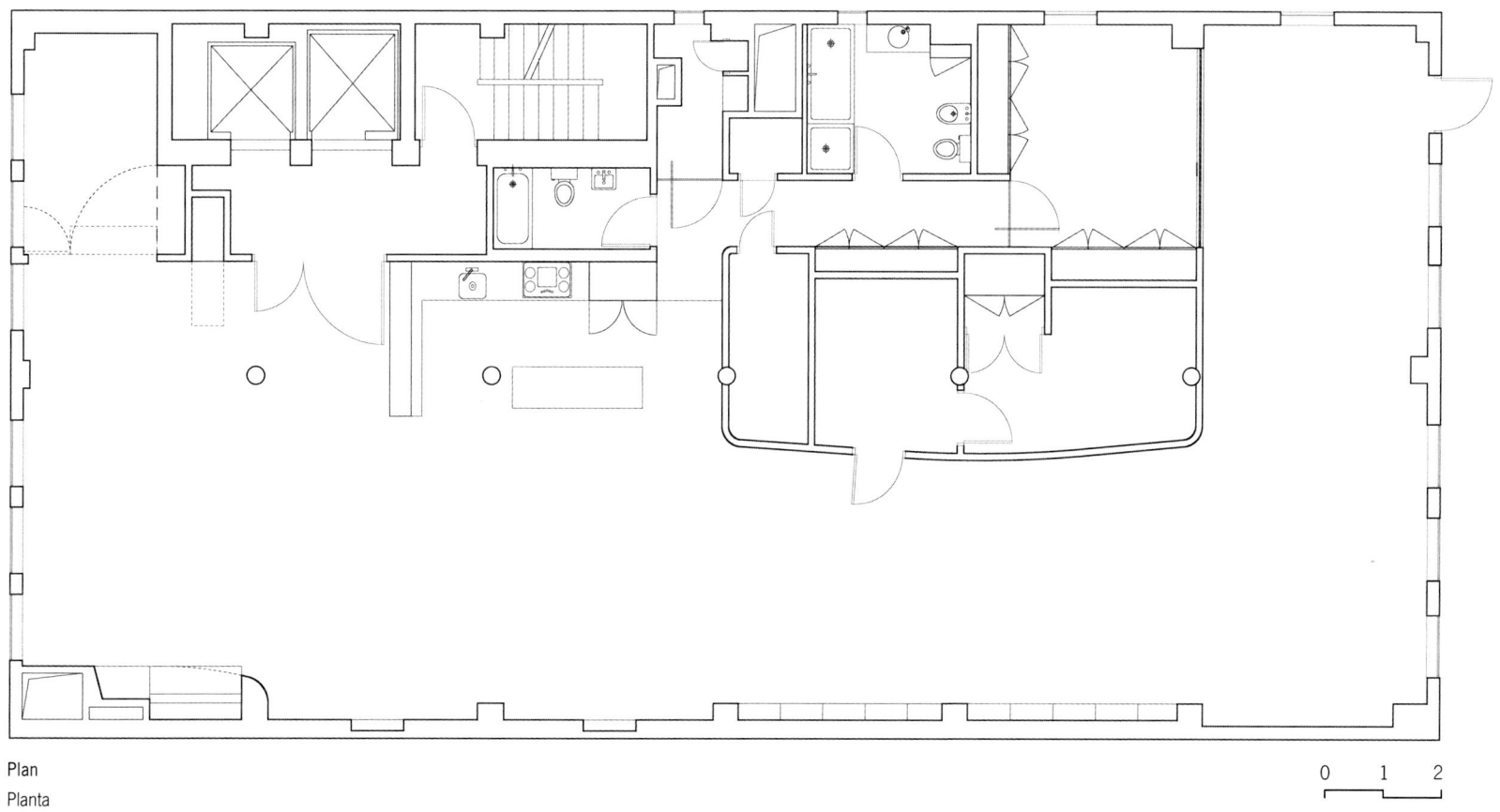

Plan

Planta

0 1 2

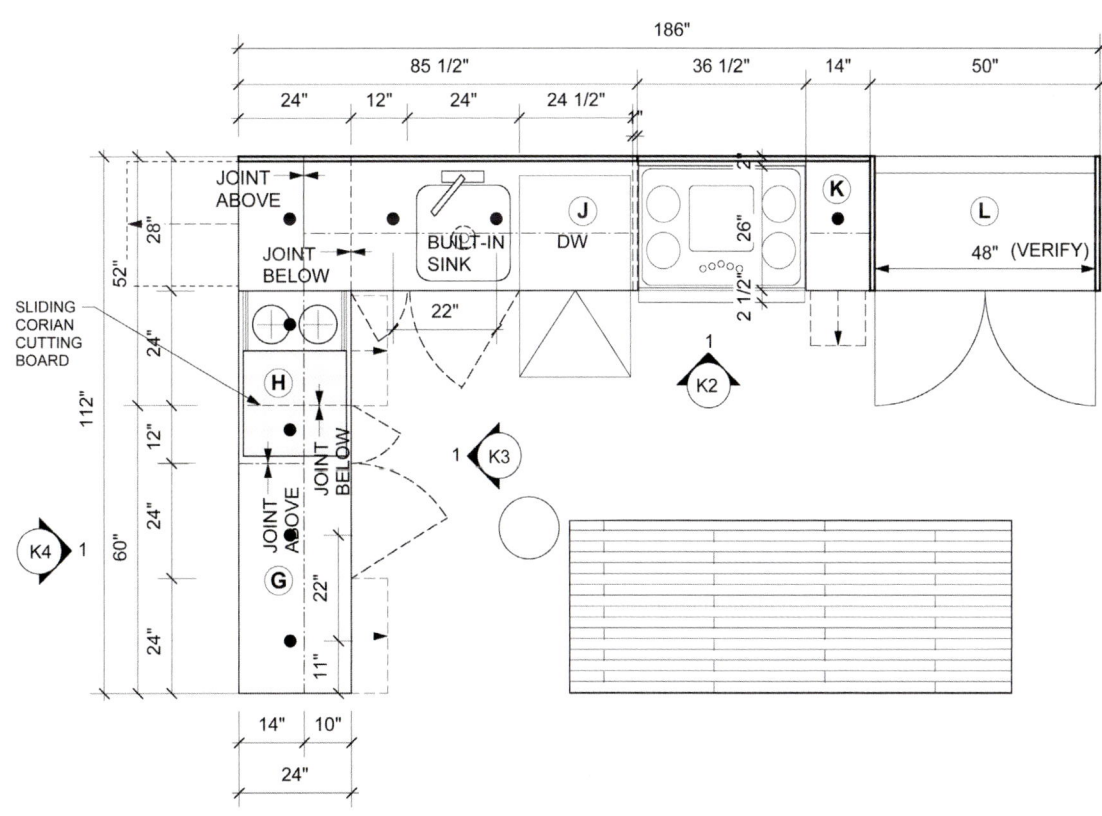

JOINT
ABOVE

JOINT
BELOW

SLIDING
CORIAN
CUTTING
BOARD

186"

85 1/2"   36 1/2"   14"   50"

24"   12"   24"   24 1/2"

28"

52"

112"

60"

24"   12"

24"

24"

H

G

24"

22"

11"

14"   10"

24"

BUILT-IN
SINK

22"

J

DW

26"

2 1/2"

K

L

48" (VERIFY)

K2

1

K3

1

K4

1

Kitchen construction details

Detalle constructivo de la cocina

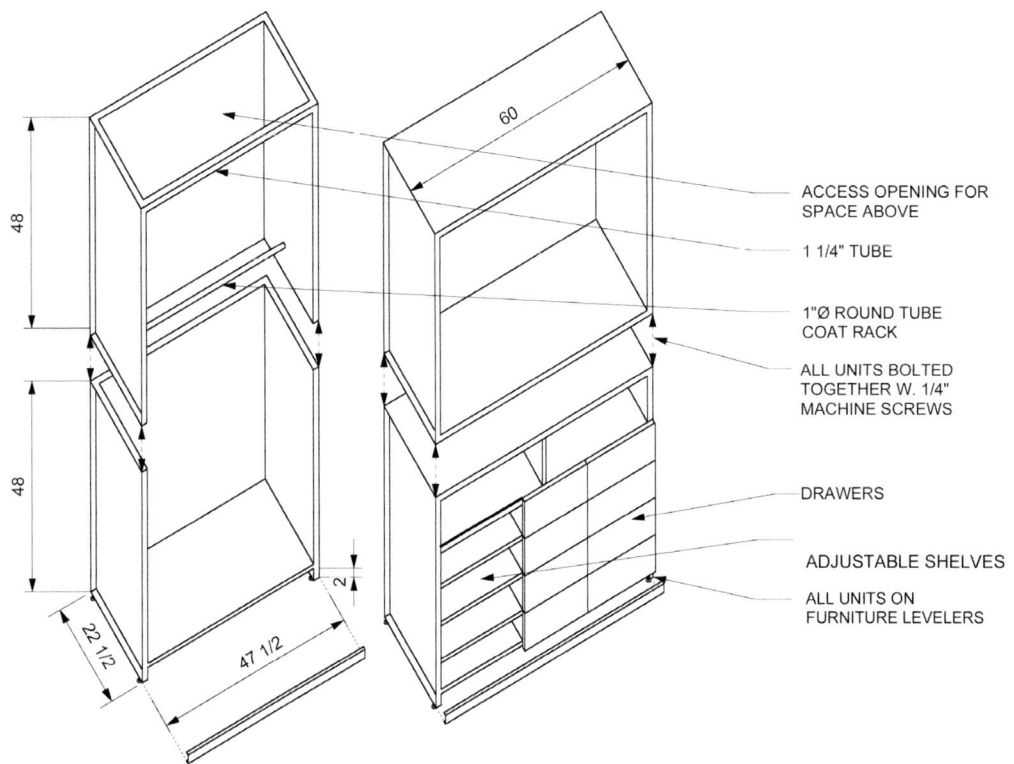

ACCESS OPENING FOR
SPACE ABOVE

1 1/4" TUBE

1"Ø ROUND TUBE
COAT RACK

ALL UNITS BOLTED
TOGETHER W. 1/4"
MACHINE SCREWS

DRAWERS

ADJUSTABLE SHELVES

ALL UNITS ON
FURNITURE LEVELERS

Armchair detail

Detalle del armario

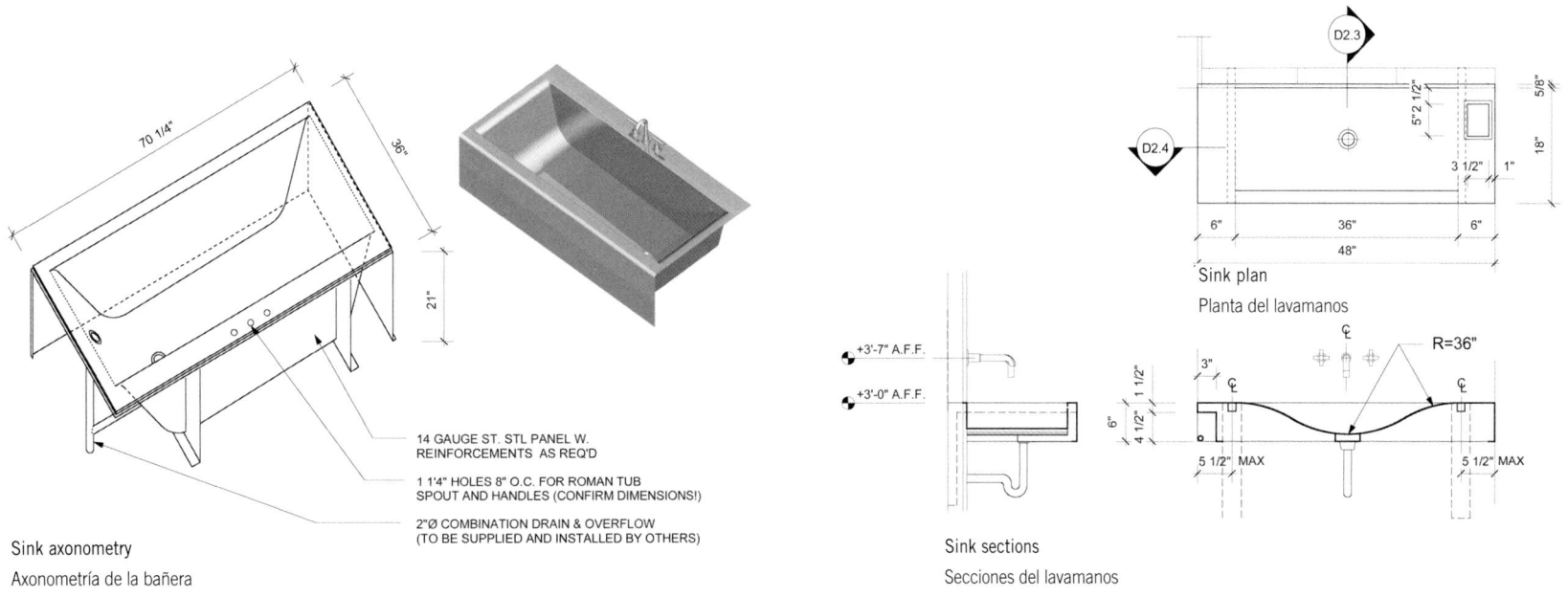

14 GAUGE ST. STL PANEL W.
REINFORCEMENTS AS REQ'D

1 1/4" HOLES 8" O.C. FOR ROMAN TUB
SPOUT AND HANDLES (CONFIRM DIMENSIONS!)

2"Ø COMBINATION DRAIN & OVERFLOW
(TO BE SUPPLIED AND INSTALLED BY OTHERS)

Sink axonometry

Axonometría de la bañera

Sink plan

Planta del lavamanos

Sink sections

Secciones del lavamanos

Textielschool Loft A3-3
Loft en una escuela textil

NAT ARCHITECTEN

The textile school in Eindhoven, a building from 1932, was divided to be converted into three lofts. From this distribution work was done on open-plan surface areas to create a home for a young family with a son. Loft A3-3 was situated beneath the roof of the building and has two levels, the top one with the gallery over the main floor. In the center of the area a large volume was built that stretches the entire height of the apartment and integrates various applications and services, such as the kitchen cupboards –which form part of the large living area–, the fireplace and an aquarium, as well as a bathroom and storage spaces. On the second floor, this large volume acts as a bridge connecting bedrooms, the terrace and the bathroom, at the same time as offering a panoramic view of the ground floor.

With a width of six feet, the aquarium works as a connection point between the kitchen and the rest area, and in the same way as the fireplace is accessible from both sides. To accentuate the effect of the light and create homogeneity between the different volumes, all the floor and walls were painted white. In contrast the main bathroom is covered with black tiles.

Se ha convertido la escuela textil de Eindhoven, un edificio de 1932, en tres grandes lofts. A partir de esta distribución se ha trabajado sobre superficies diáfanas para crear una vivienda para una joven familia con un hijo. El loft se encuentra bajo la cubierta del edificio y tiene dos niveles, de los que el superior se constituye como una galería sobre la planta principal. En el centro se ha construido un gran volumen que ocupa toda la altura de la vivienda y en el que se han colocado los armarios de la cocina –que forma parte de la gran zona de estar–, la chimenea y un acuario, además de un baño y espacios de almacenaje. En la segunda planta, este gran volumen actúa como un puente que conecta los dormitorios, la terraza y el baño, a la vez que permite obtener una visión panorámica de la planta baja.

Con una anchura de dos metros, el acuario es un punto de conexión entre la cocina y la zona de descanso, al igual que la chimenea, accesible desde ambos lados. Para enfatizar el efecto de la luz y crear homogeneidad entre los volúmenes, los suelos y los muros se pintaron de blanco. En contraste, el baño principal está cubierto de baldosas negras.

Location: Eindhoven, Netherlands I **Date of construction:** 2005 I **Surface Area:** 195,6 m² I **Photographer:** Katsuhisa Kida
Ubicación: Eindhoven, Países Bajos I **Fecha de realización:** 2005 I **Superficie:** 195,6 m² I **Fotografía:** Peter Cuypers

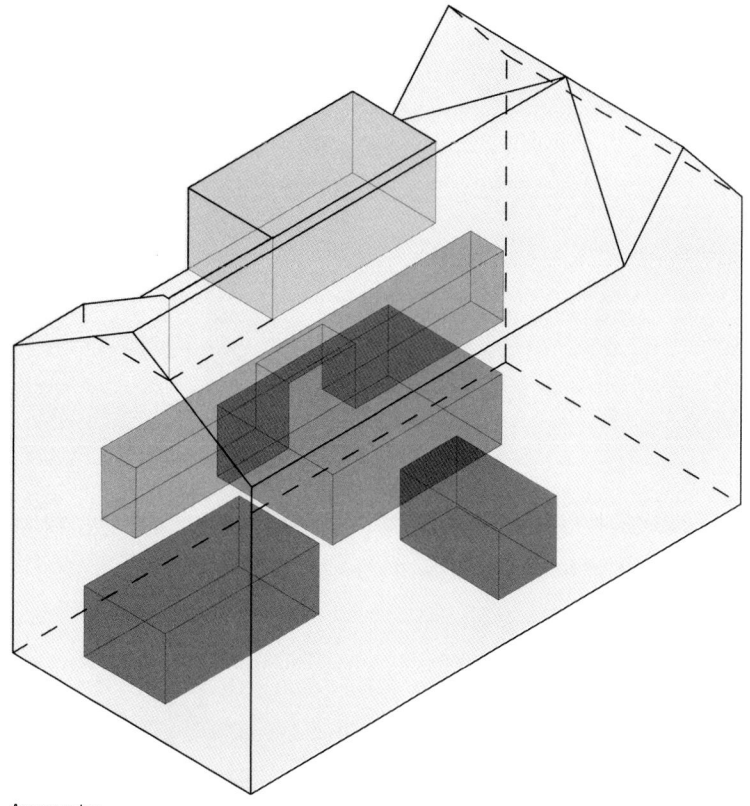

Axonometry

Axonometría

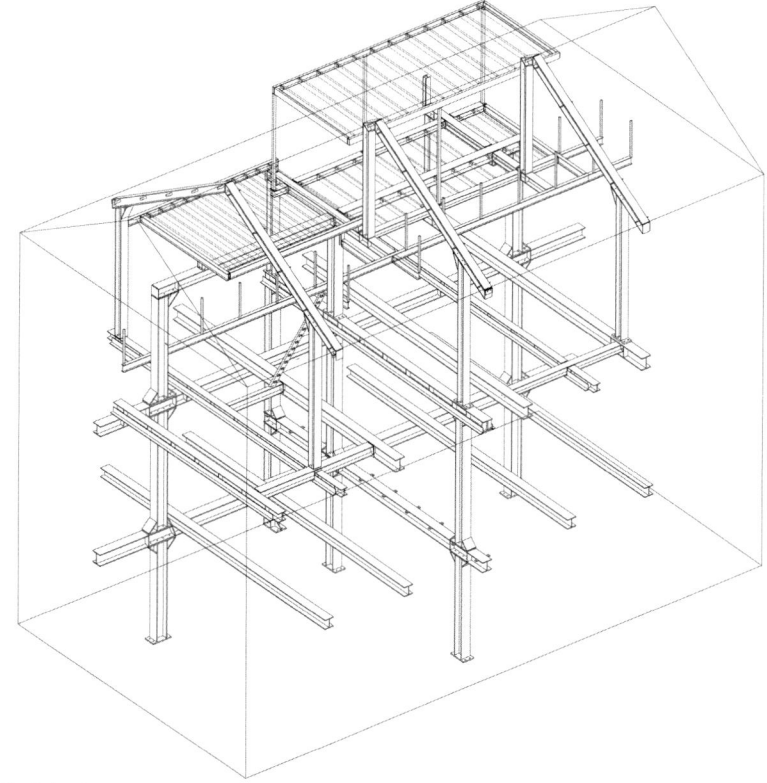

Steel structure

Estructura de acero

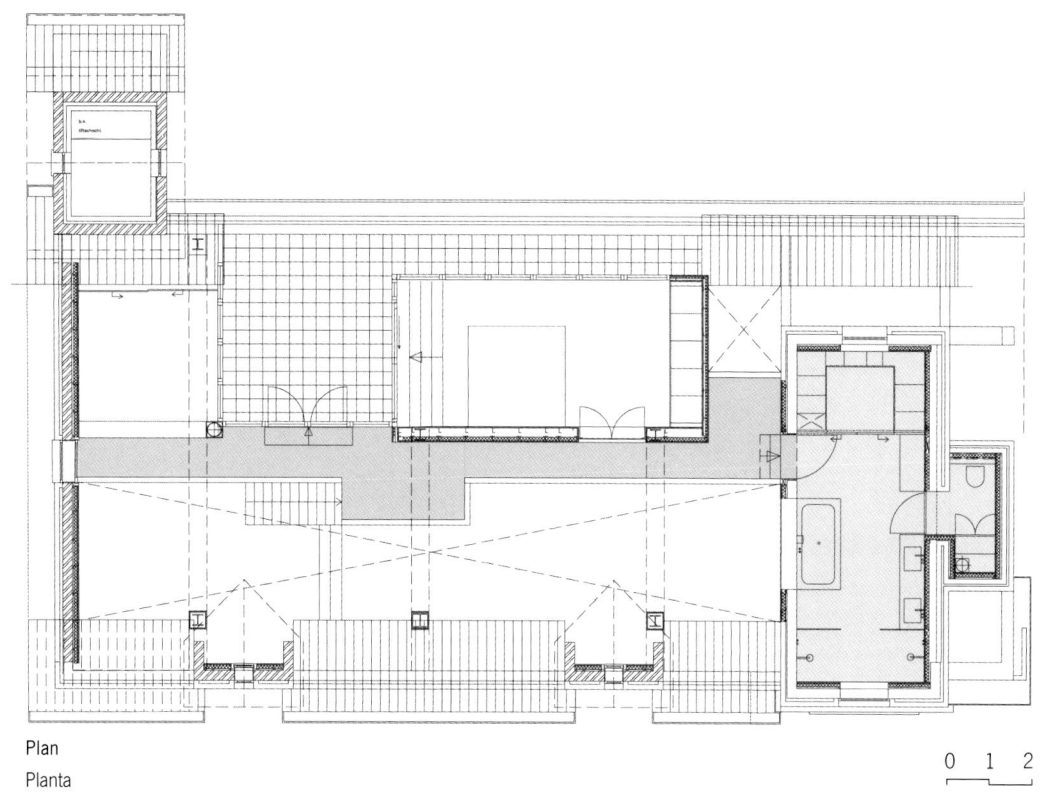

Plan

Planta

0 1 2

Section

Sección

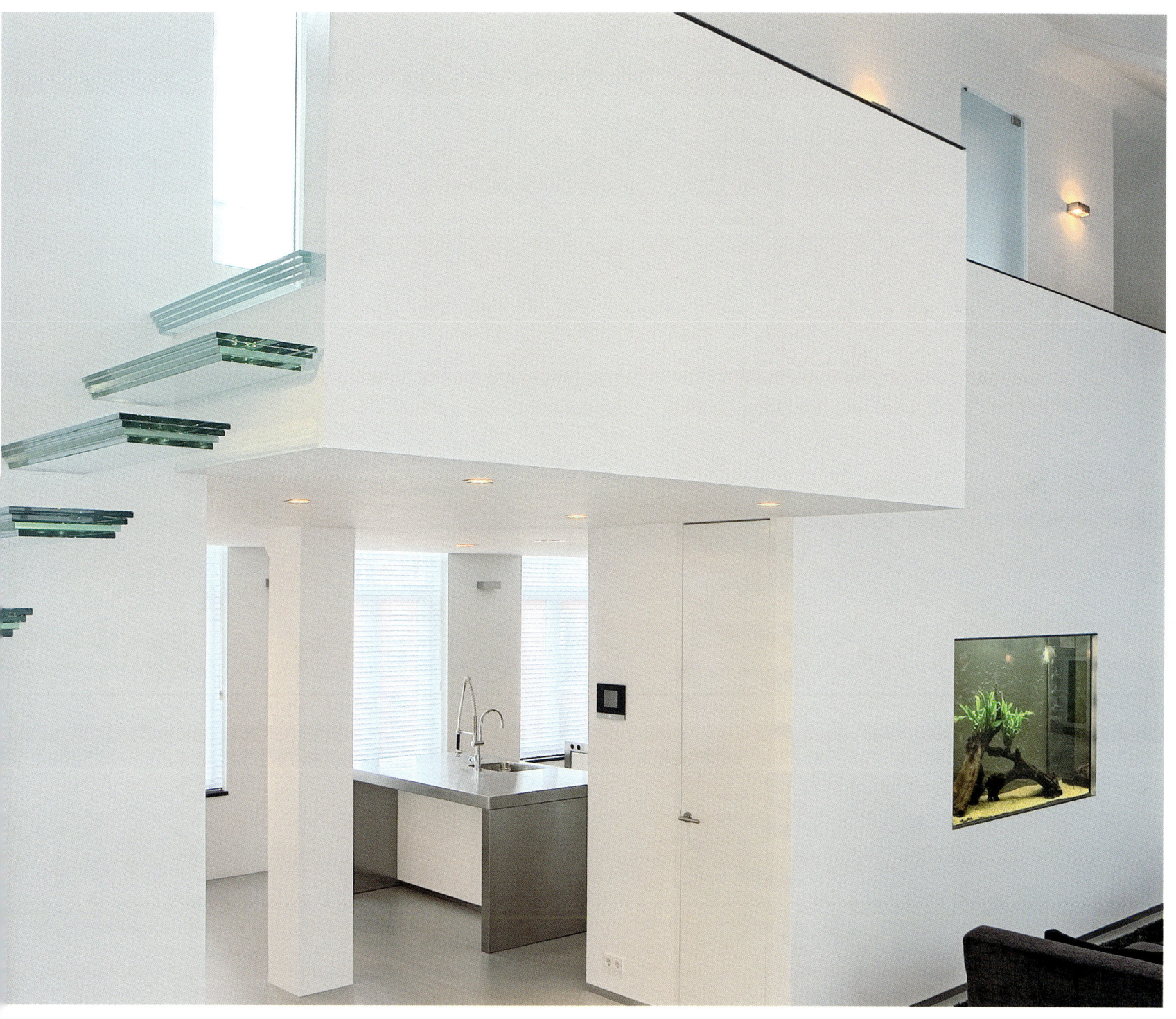

The simplicity of the lines and abundance of light find their counterpoint in pieces that help to give life to the space. The fish tank and the fireplace recreate the elements from nature and invite relaxation.

La simplicidad de líneas y la abundante luz tienen su contrapunto en piezas que confieren vida al ambiente, como la gran pecera y la chimenea, que recrean elementos de la naturaleza.

Laura House
Casa Laura

FILIPPO BOMBACE

In the center of Rome, an apartment for a young professional has been used to audaciously unite functions that are not normally found together in most homes. The central axis of the renovation is the shower –cubic with pebbled flooring, surrounded by a sheet of glass–, which becomes the central axis of the home and separates the day area from the night area. The shower is almost a sculpture, and serves as a light source for the living area. This is strategically lit with spotlights built into the ceiling and floor. In this project special emphasis has been placed on lighting, based on halogen lights and lines of fluorescent lighting, that manages to unite or separate spaces, thus substituting the walls and changing the atmosphere in every moment. The open kitchen combines steel worktops with surfaces lacquered in shiny white, in contrast with the hood, encased in a black glass volume. The study can form part of the living area or remain separate via a sliding oak panel. The floor of the home, apart from in the bathrooms, has been covered in wenge wood laminates.

Este apartamento situado en el centro de Roma ha servido como escenario para unir de forma audaz funciones que suelen encontrarse aisladas en la mayoría de las viviendas. El centro de la intervención es la ducha –una fuente cúbica con pavimento de guijarros de río, rodeada por una lámina de cristal–, que se transforma en el eje principal de la vivienda y separa la zona de día y la de noche. Convertida casi en una escultura, la ducha es una fuente de luz en la zona de estar, que se ha iluminado estratégicamente con focos encajados en el techo y en el suelo. En este proyecto se ha puesto especial énfasis en la iluminación –basada en focos alógenos y líneas de luz fluorescente–, que consigue unir o separar espacios, sustituyendo así a los muros y transformando la atmósfera según el momento.
La cocina abierta combina encimeras de acero con superficies de laca brillante blanca, en contraste con la campana encajada en un volumen de cristal negro. El estudio puede formar parte de la zona de estar o quedar aislado mediante un panel corredizo de madera de roble. Los suelos de la vivienda, salvo en los baños, son de láminas de madera de wengué.

Location: Rome, Italy | **Date of construction:** 2006 | **Surface Area:** 80 m² | **Photographer:** Luigi Filetici
Ubicación: Roma, Italia | **Fecha de realización:** 2006 | **Superficie:** 80 m² | **Fotografía:** Luigi Filetici

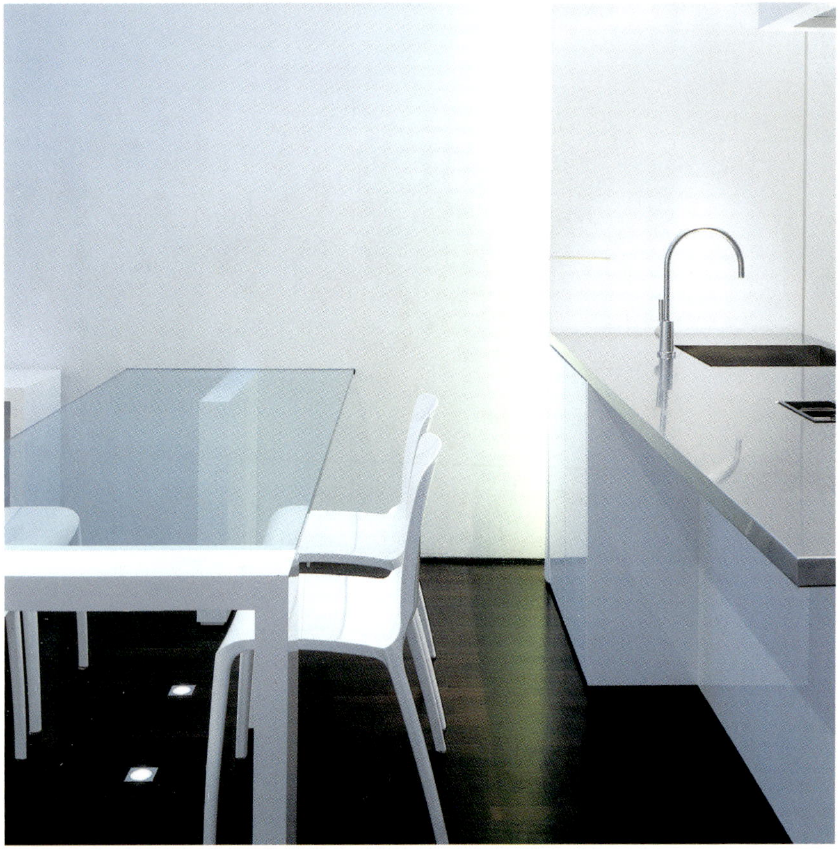

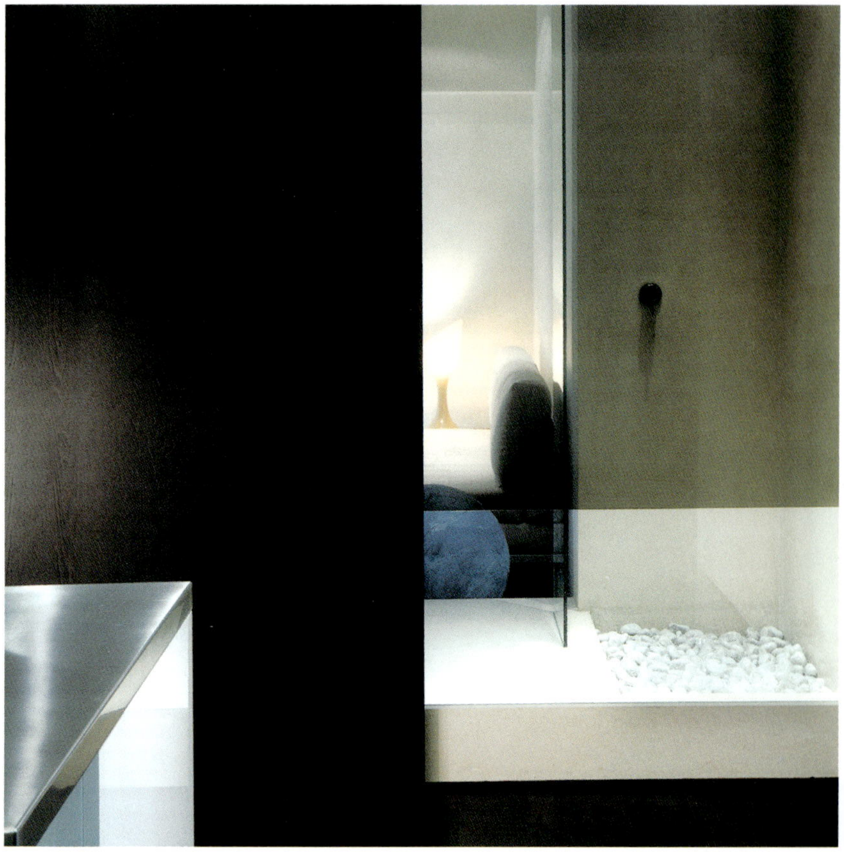

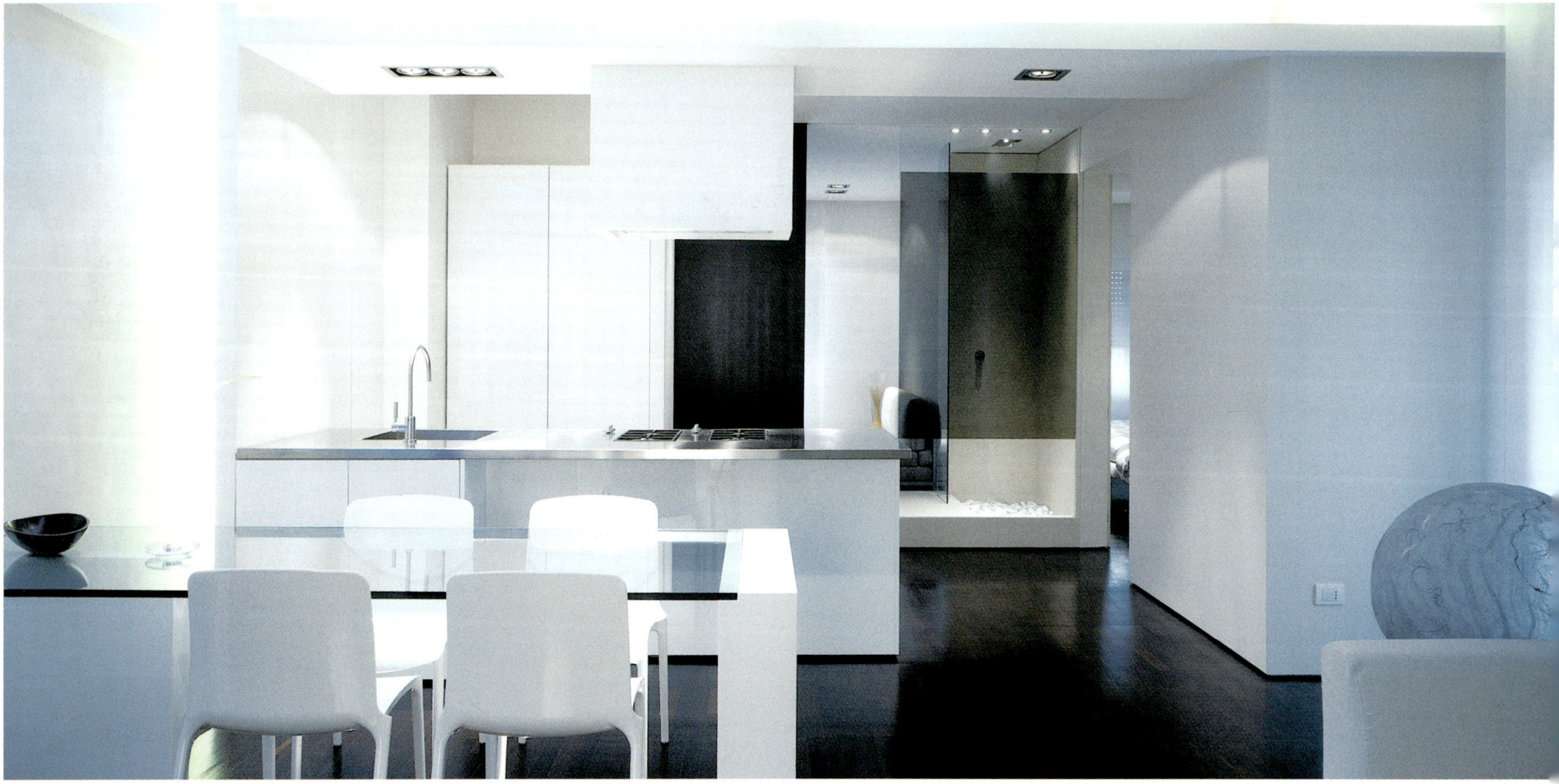

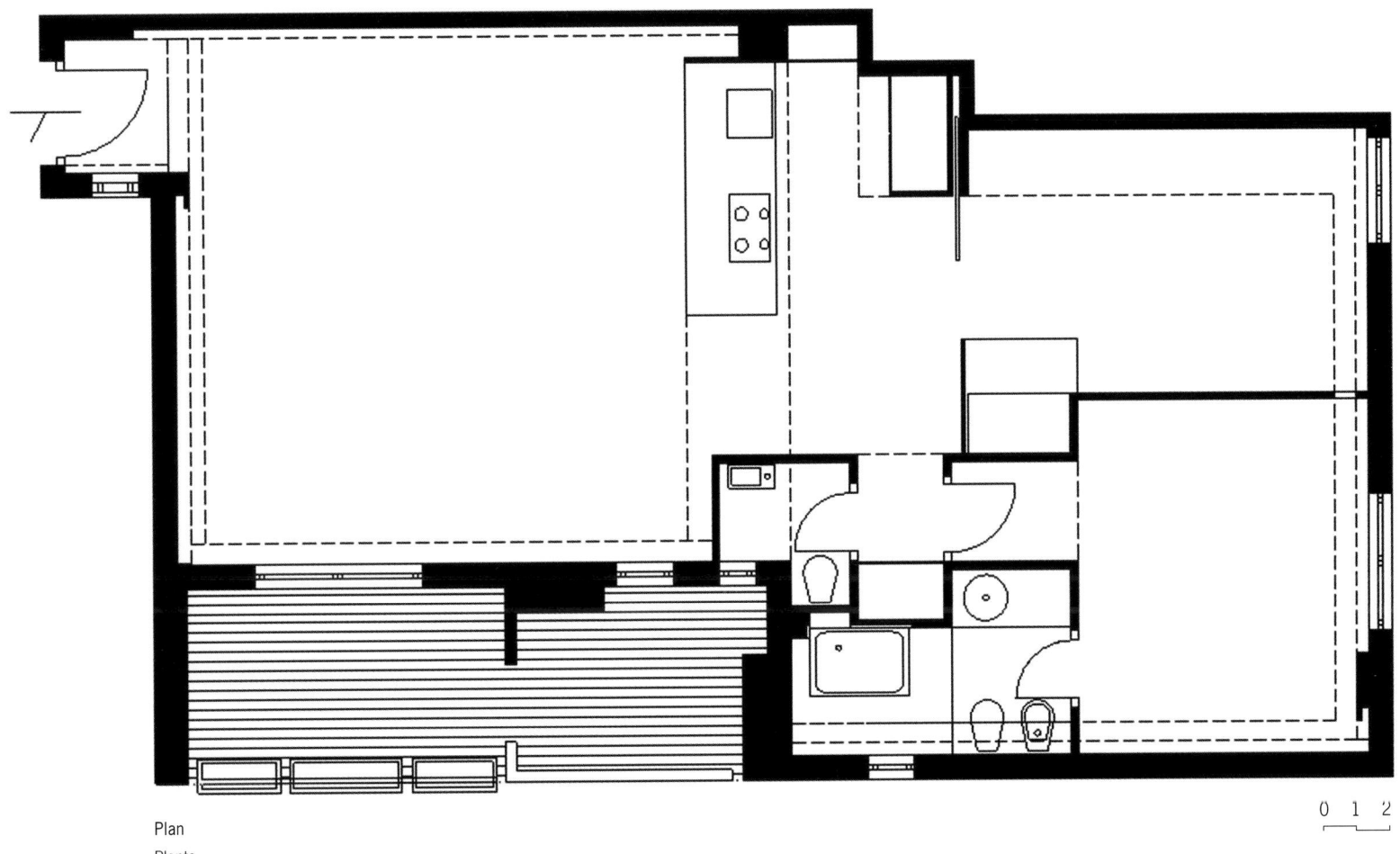

Plan
Planta

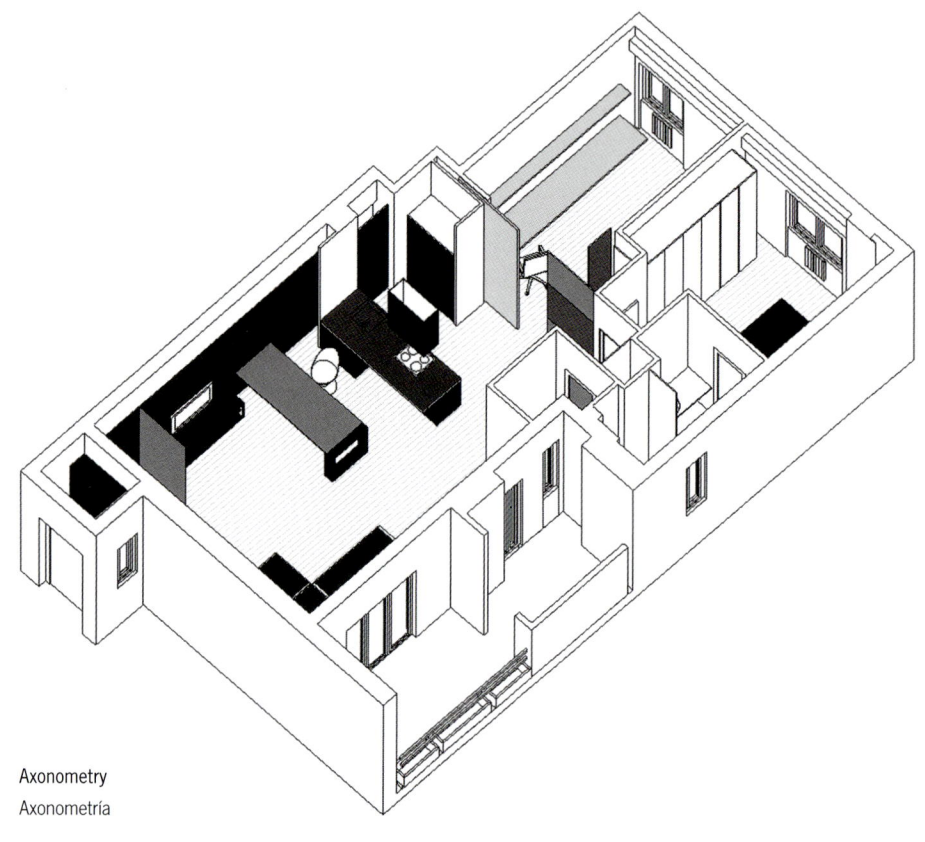

Axonometry
Axonometría

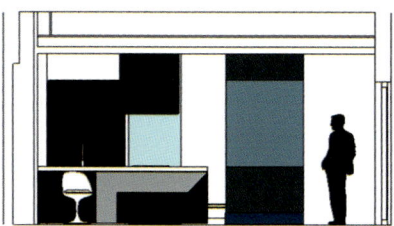

Sections
Secciones

0   1   2

Glacier Loft
Loft Glaciar

GUS WÜSTEMANN

The scenery of white mountains that surrounds the city of Lucerne for a large part of the year, the rocky cliffs and, especially the ancient glaciers, have been the inspiration for the project of a home on this floor of a historical building, with an 18 m² terrace on the roof. The original space was rather dark, since there were only small windows on the roof and a skylight. The narrow staircase that leads to the terrace did not increase the amount of light either.

The basic concept has been to treat this space as if it were a glacier. The terrace is the summit, which receives all the light, and the home is the secluded valley. To access the summit the glacier staircase has to be climbed. This is situated between the kitchen and the bathroom, which has been left completely open in order to protect the intimacy of the bedroom. The glacier connects the two floors and acts as a staggered communicating space when there are guests. Hidden beneath this glacier are storage spaces, which are thus hidden from view. Another of the supporting walls is softened by the covering of a white curtain, which is lit up from behind and hides a cloakroom at the entrance.

All the areas have been fused as much as possible to make the most of the surface area. The conventional furniture disappears and is substituted by white volumes, which could be tables or rest areas depending on what is required.

At night, the space is lit via thin strips of lights give specific illumination to the glacier and the different volumes.

El escenario de blancas montañas que rodea la ciudad de Lucerna durante gran parte del año, sus escarpadas rocas y, especialmente, los glaciares milenarios, han servido de inspiración para proyectar una vivienda en esta planta de un edificio histórico, con una terraza de 18 m² sobre la cubierta. El espacio inicial era algo oscuro, pues sólo había pequeñas ventanas en el techo y un tragaluz. La estrecha escalera que conduce a la terraza tampoco abastecía de luz natural.

Se ha tratado el espacio como si fuera un glaciar; la terraza es la cumbre, que recibe toda la luz, y la vivienda, el valle recogido. Para acceder a la cumbre se escala el glaciar-escalera, situado entre la cocina y el baño, que se ha dejado totalmente abierto para proteger la intimidad del dormitorio. El glaciar conecta las dos plantas, actúa como espacio de comunicación escalonado cuando hay invitados y oculta las zonas de almacenaje. Otra de las paredes de carga se suaviza al quedar cubierta por una cortina blanca, que se ilumina por detrás y esconde un guardarropa y la entrada.

Se ha reemplazado el mobiliario convencional por volúmenes blancos, que pueden emplearse como mesas o puntos de descanso. Por la noche, unas luces discretas iluminan el glaciar y los volúmenes de forma local.

Location: Lucerne, Switzerland | **Date of construction:** 2005 | **Surface Area:** 180 m² | **Photographer:** Bruno Helbling/ Gus Wüstemann
Ubicación: Lucerna, Suiza | **Fecha de realización:** 2005 | **Superficie:** 180 m² | **Fotografía:** Bruno Helbling/ Gus Wüstemann

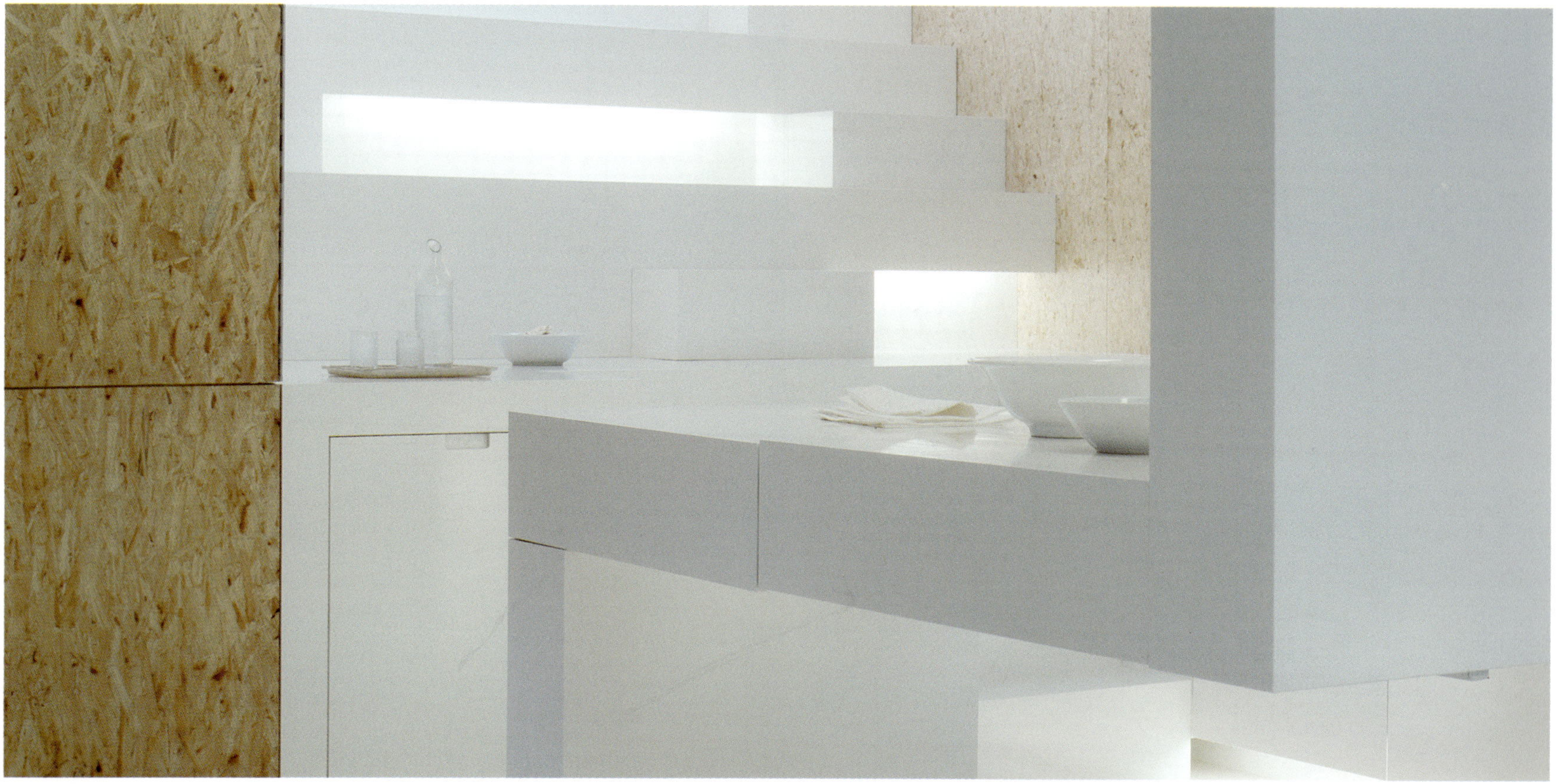

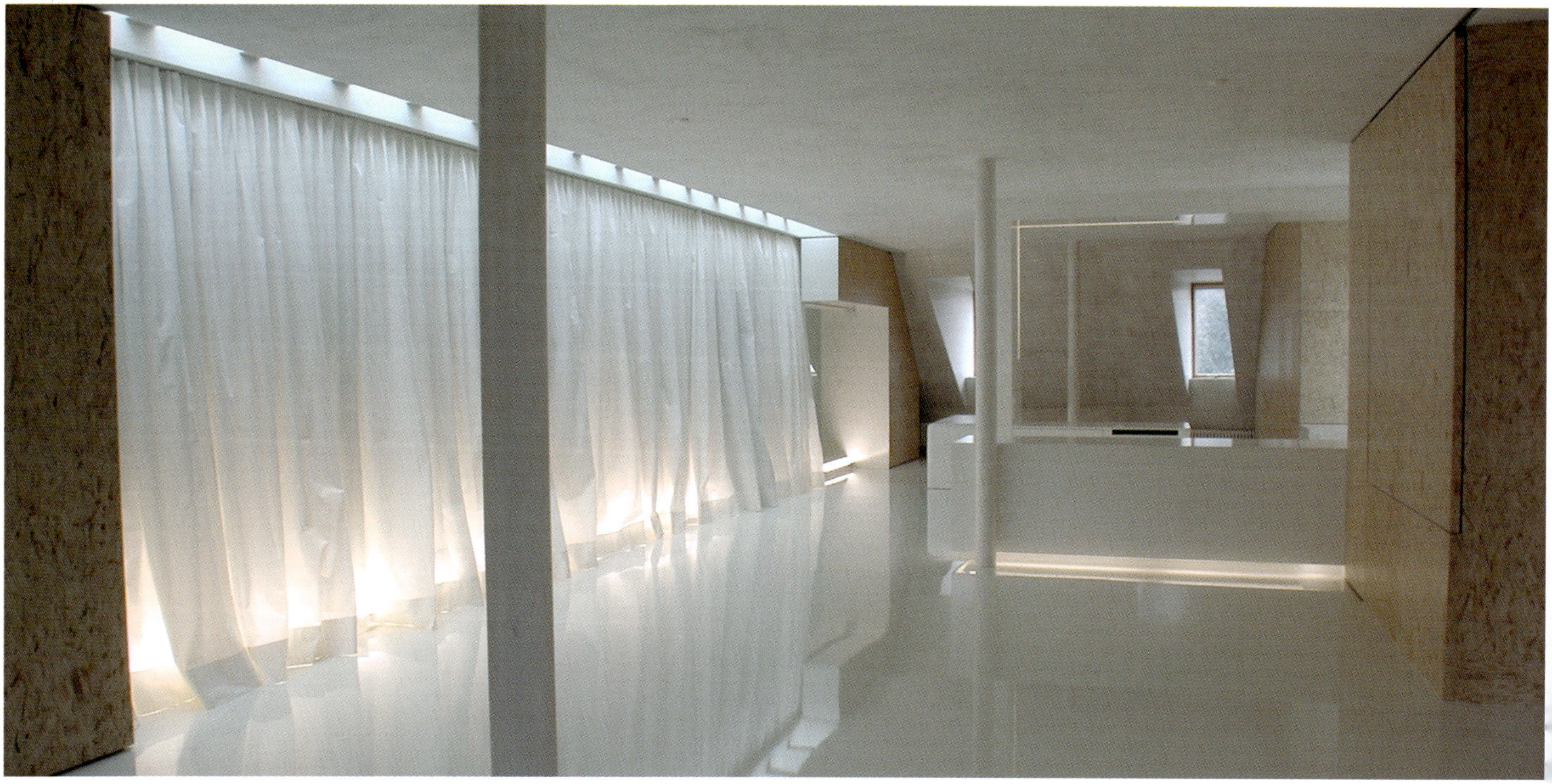

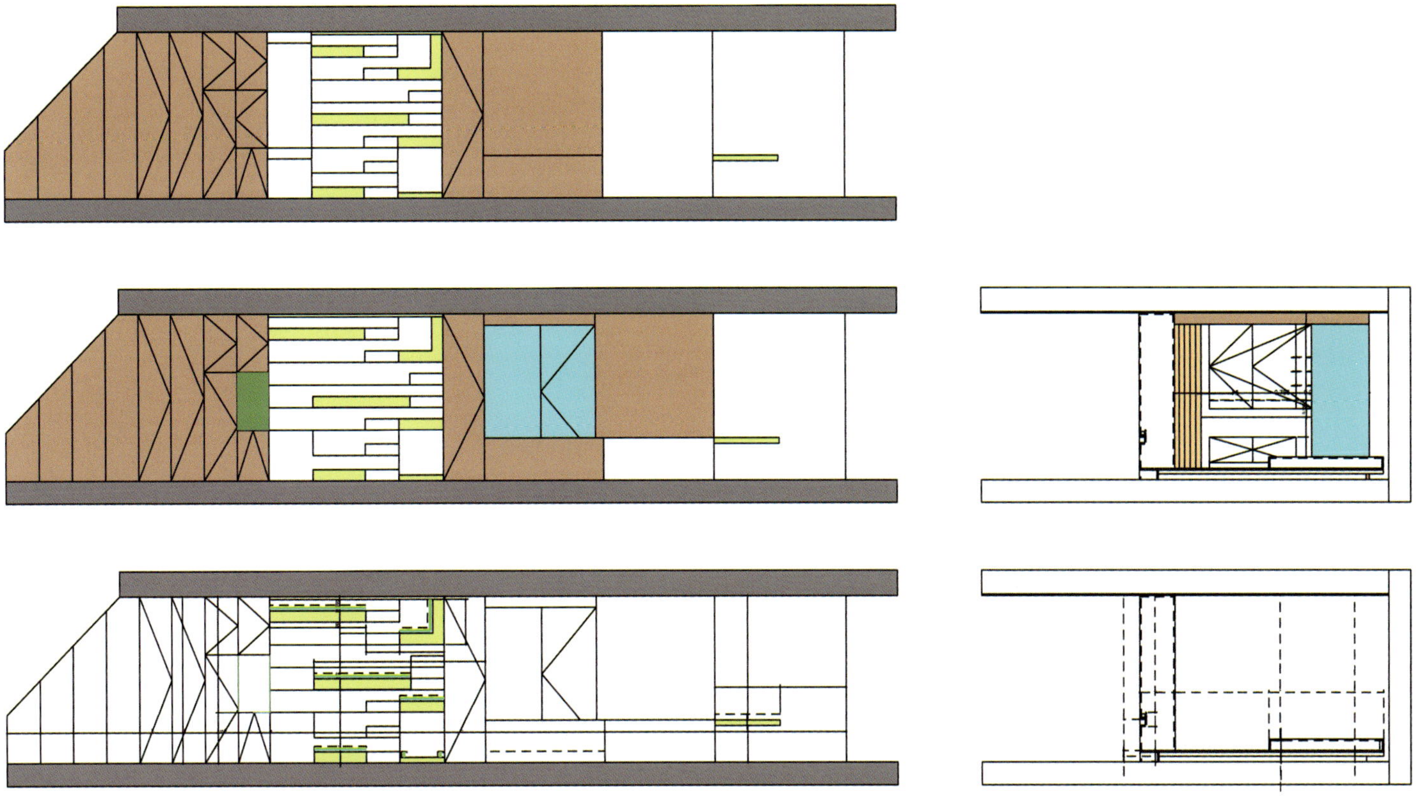

Sections

Secciones

0 1 2

Plan

Planta

0 1 2

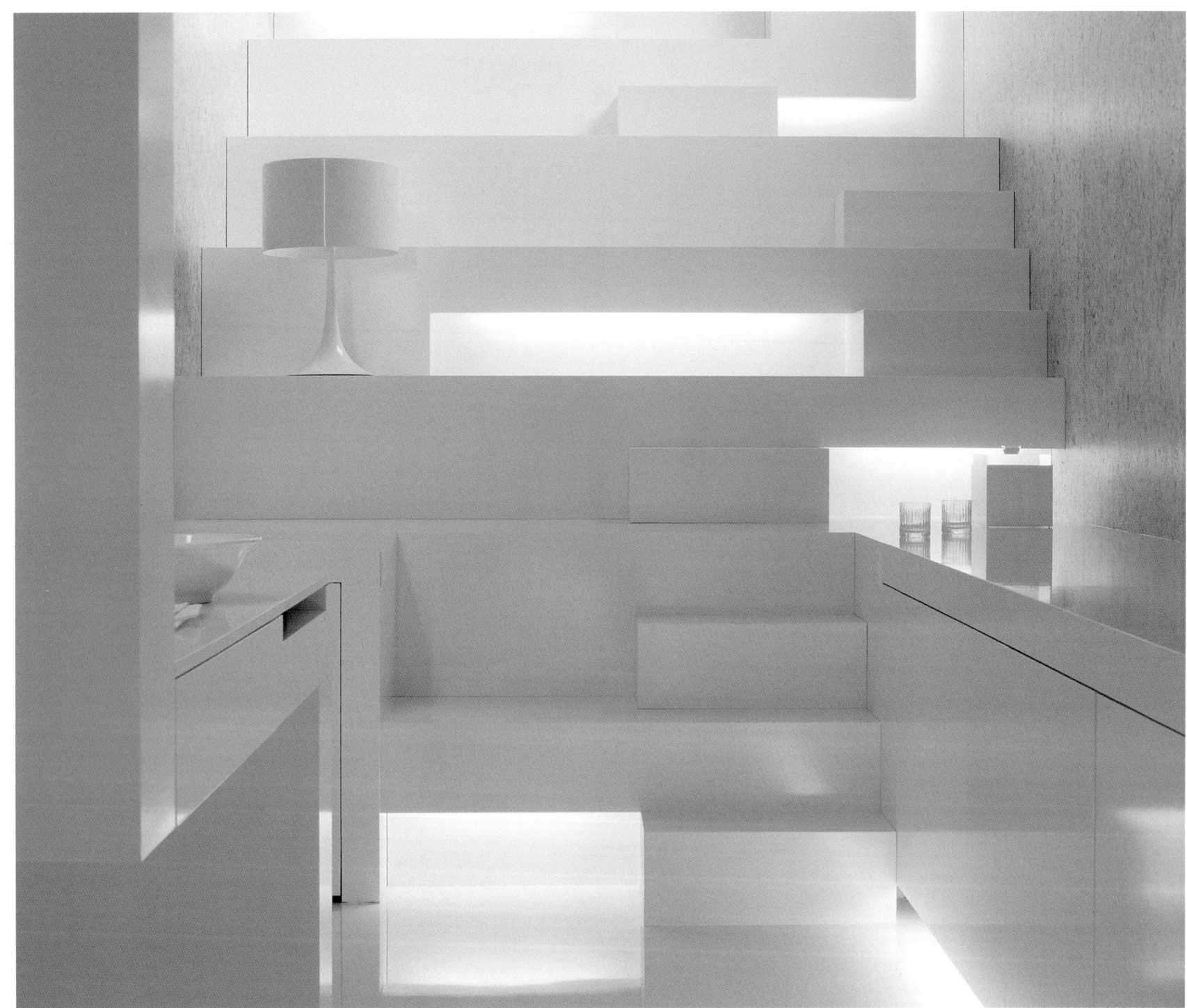

The innovative proposal in this loft manages to fluidly unify the surfaces of the kitchen with the steps of the staircase. The different light points provide texture and dimension to this glacier, the main piece of the home.

La innovadora propuesta unifica las superficies de la cocina con los peldaños de la escalera. Los focos de luz proporcionan textura y dimensión a este glaciar, pieza principal de la vivienda.

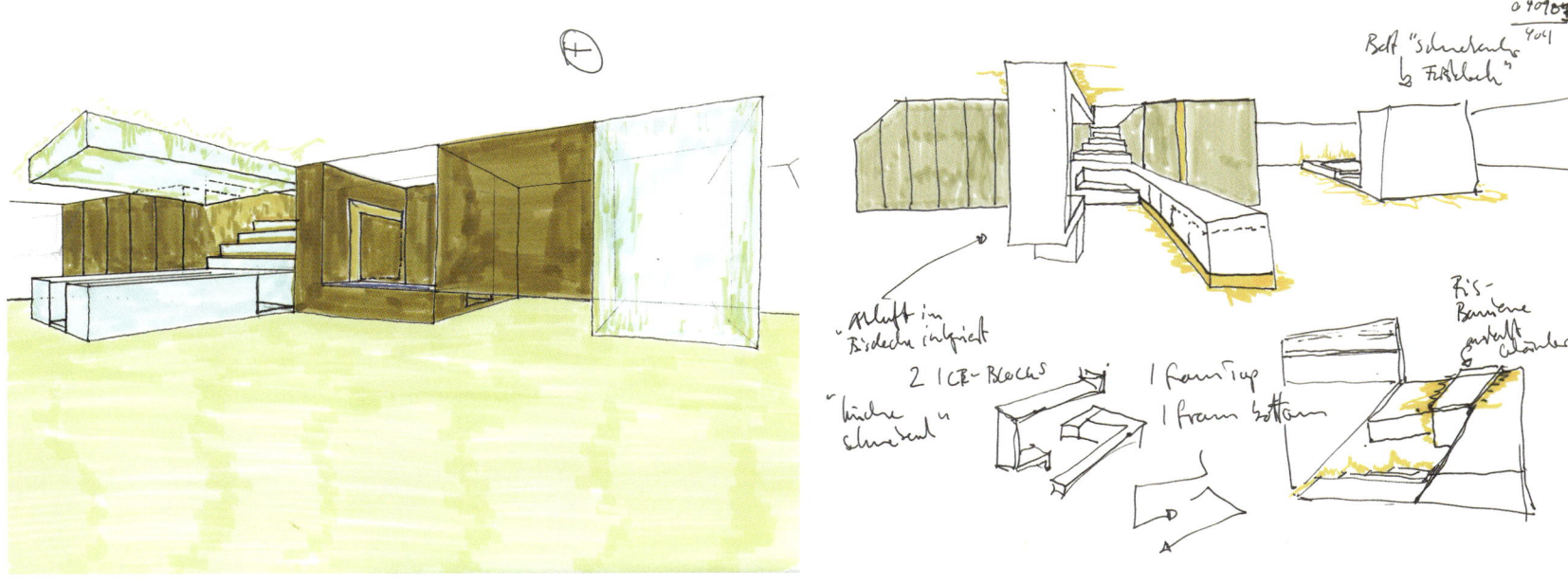

Sketches
Esbozos

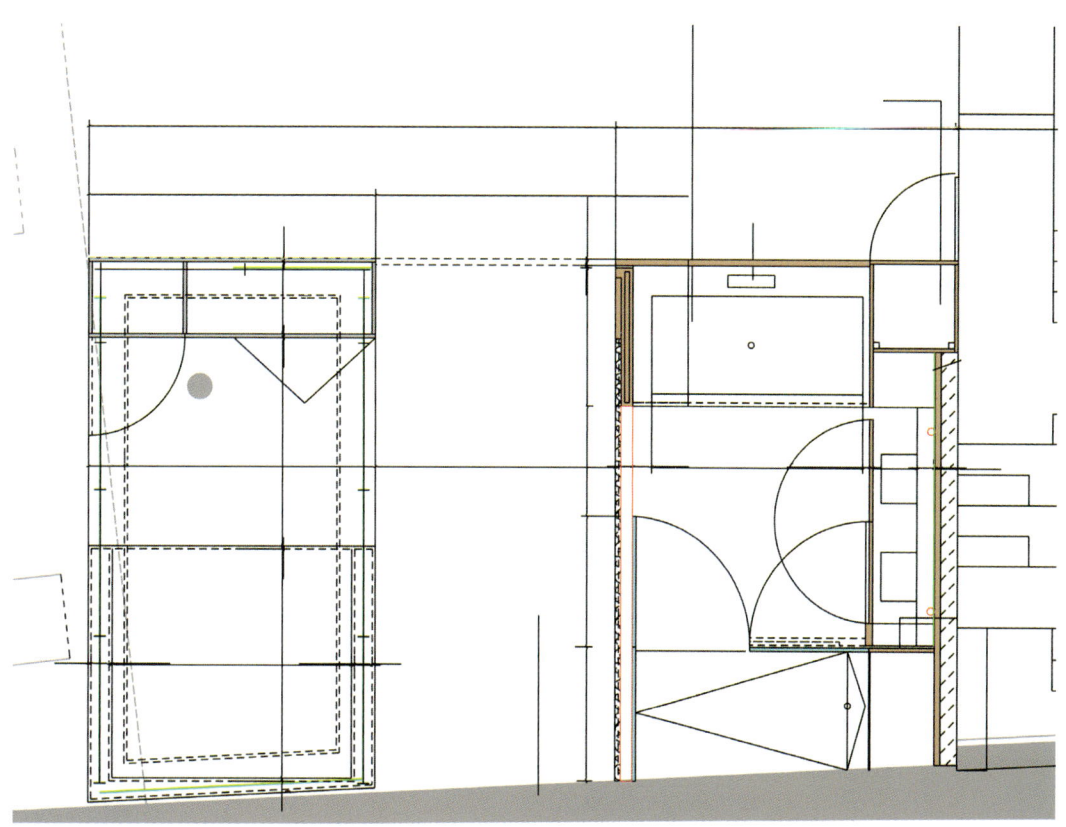

Construction details
Detalles constructivos

2 lofts under the roof
Minilofts en Helsinki

PEKKA LITTOW/LITTOW ARCHITECTS

The space under the roof of an old romantic style building has been renovated and divided into two homes. In contrast with the classical characteristics of the city's buildings, both have been given a simple structure, creating cubic compositions that combine with the winding of the old walls. In keeping with this, large glass sliding doors, giving access to the terraces, provide attractive views of the city roofs.

Bathrooms, kitchens and storage spaces have been incorporated into a central brick structure, in the most compact way possible, to free up space. The objective consists in creating a new space on the base of the old one, respecting and enriching the original atmosphere and producing the effect of a timeless place. To do this, the spectrum of materials used is minimal and the finishes have been left unpolished. The walls have been covered with cement mixed with transparent or colored setting lotion, or the existing brickwork has been left in view. The roofs have been plastered in white, and the wooden beams have been laminated in white to make it easy on the eyes. A system of solar heating has been installed on the roof. The result is a surprising interaction of old and new elements that create an essential and basic space, where personal objects belonging to those who live here gain a strong presence very quickly.

El espacio situado bajo las cubiertas de un antiguo edificio de estilo romántico ha sido habilitado para crear dos viviendas. En contraste con las características clásicas de los inmuebles de la ciudad, ambas se han estructurado de forma simple, creando composiciones cúbicas que juegan con la sinuosidad de los viejos muros. Grandes puertas deslizantes de cristal que permiten acceder a las terrazas, proporcionan bellas vistas de las cubiertas de la ciudad.

Los baños, las cocinas y los espacios de almacenaje se han incorporado a una estructura central de mampostería, de forma lo más compacta posible, para liberar espacio. El objetivo ha consistido en crear un nuevo espacio a partir del antiguo, respetando y enriqueciendo la atmósfera original para producir el efecto de un lugar atemporal. Para ello, el espectro de materiales empleados es mínimo, y se han dejado los acabados sin pulir. En algunas zonas se han cubierto los muros con cemento mezclado con fijador transparente o color, y en otras se ha dejado el ladrillo a la vista. Se han enyesado los techos de blanco, y se han laminado las vigas de madera del mismo color para dar sensación de amplitud al espacio. El resultado es una sorprendente interacción de elementos viejos y nuevos que crean un espacio esencial y primario, en el que los objetos personales de quienes lo habitan cobran fuerza rápidamente.

Location: Helsinki, Finland I **Date of construction:** 2006 I **Surface Area:** 95 m² I **Photographer:** Pekka Littow
Ubicación: Helsinki, Finlandia I **Fecha de realización:** 2006 I **Superficie:** 95 m² I **Fotografía:** Pekka Littow

Elevation

Alzado

0 1 2

Timeless materials, like concrete or old brickwork, create a neutral combination of textures that enhance both the character of the personal objects and the spaces with powerful chromatics, like the bathroom.

Materiales como el ladrillo de los muros originales y el hormigón crean una combinación neutra de texturas que resalta el carácter de los objetos y los espacios de gran fuerza cromática como el baño.

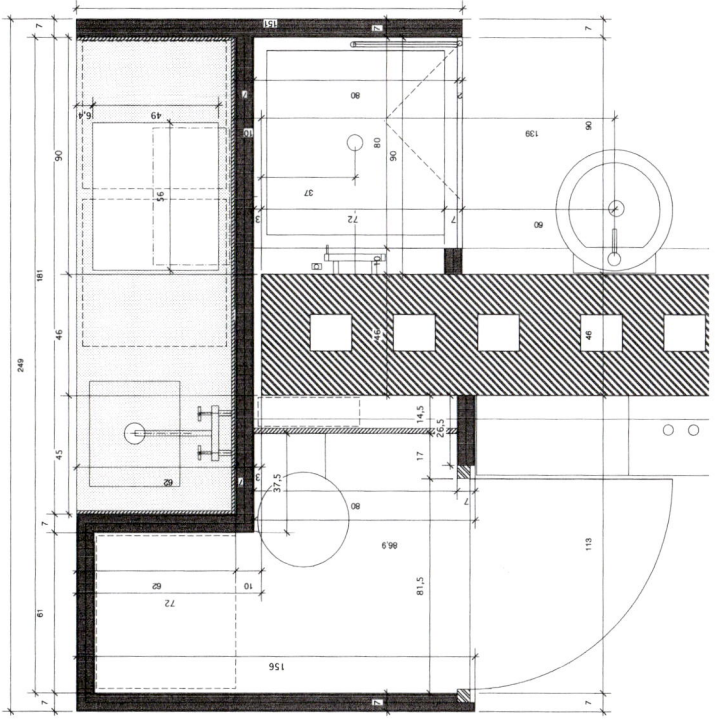

Kitchen and bathroom details

Detalles de la cocina y del baño

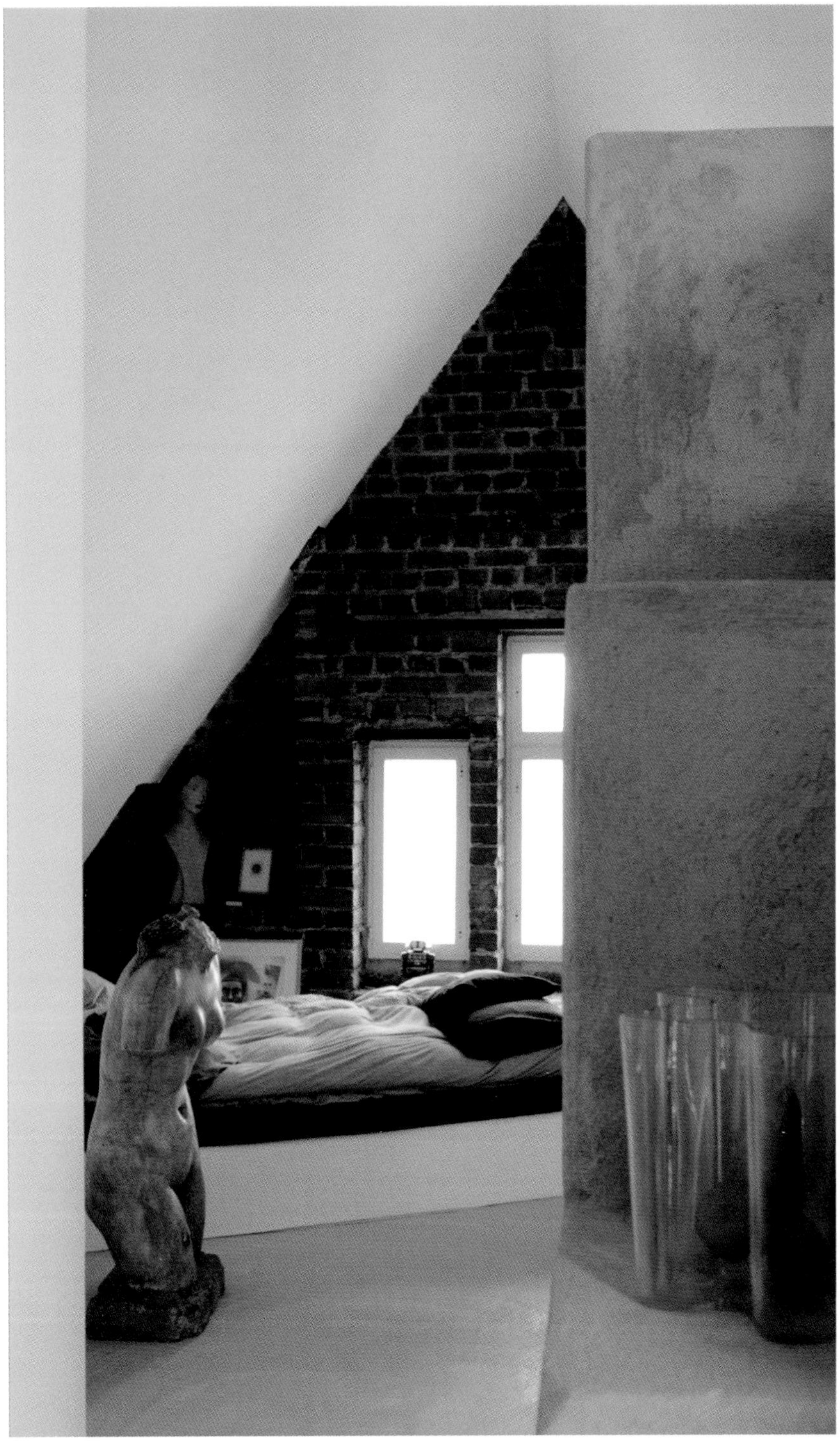

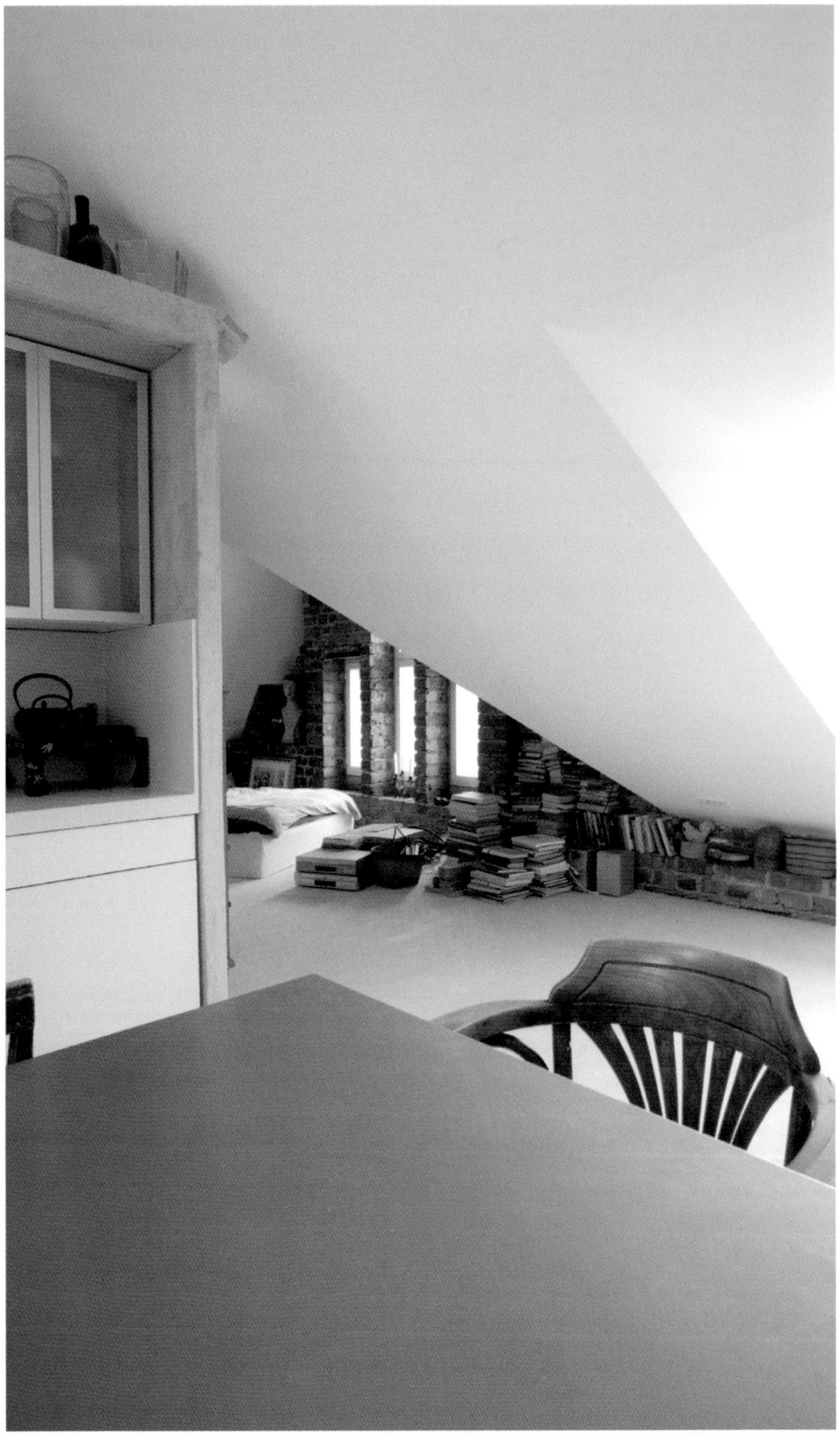

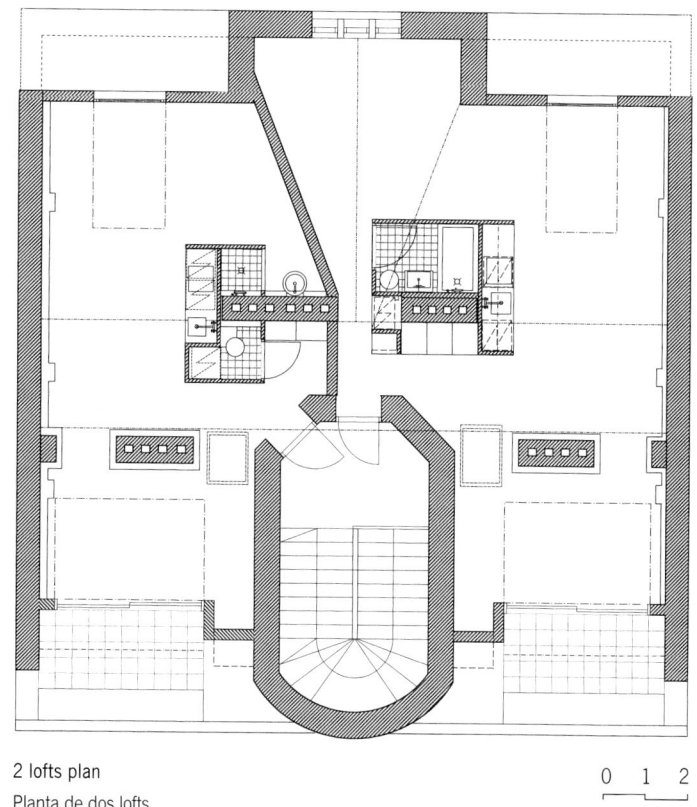

2 lofts plan

Planta de dos lofts

0   1   2

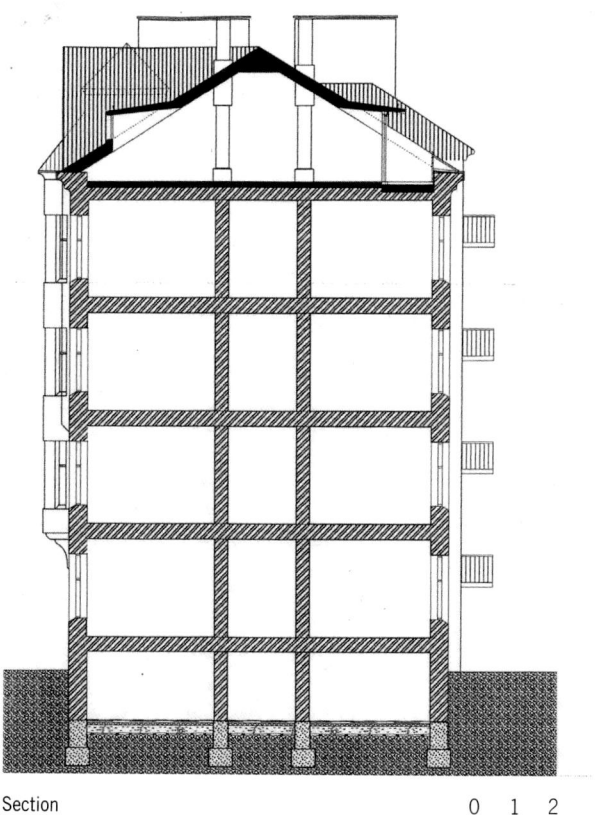

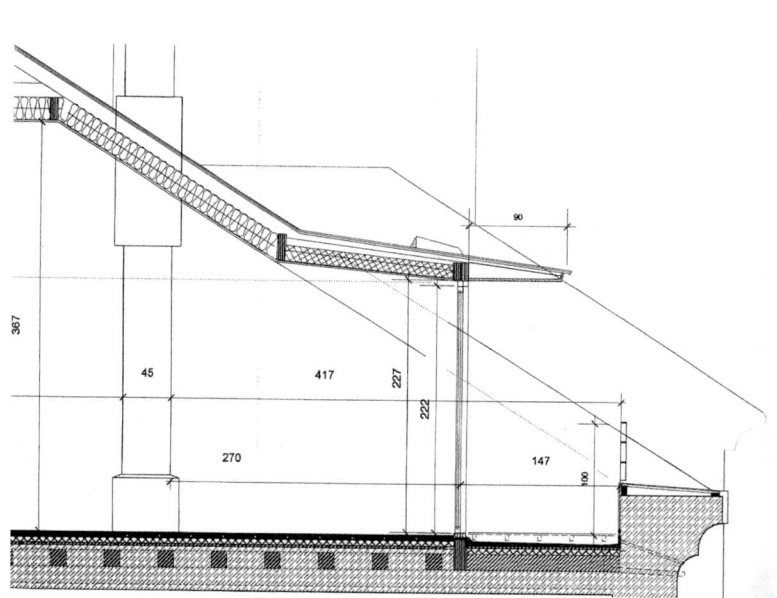

Section

Sección

0   1   2

Roof detail

Detalle de la cubierta

Alphaville

ARTHUR CASAS

The main idea of this project was to create a residence for a middle-aged, separated women with grown up children and many grandchildren. Thus an integrated house was conceived, without separate rooms, with large, and not at all sterile, spaces, which can be adjusted to the needs of a person living alone but who is constantly receiving visits from family and friends. A neat division was established between the ground floor, for daily use and visits –where an area was organized for guests to stay– and the first floor, of strictly private use. A cantilever staircase without banisters joins the two floors and the transparency of the almost entirely glass façade, affords views of the scenery. Thanks to the installation of an enormous, automatic glass door, which is also the façade of the ground floor, the living area and above all the dining area is practically integrated with the garden.

The structure and the load carrying walls are made of «Stone» concrete, which has been covered, in the matt latex paint from the interior. For all of the flooring, except in the bathrooms, tauarí wood, also matt, has been chosen; the most appropriate option in a house with so much light.

La idea principal de este proyecto fue crear una vivienda para una mujer de mediana edad, con hijos mayores y con muchos nietos. Se crearon espacios amplios, sin fragmentaciones y nunca estériles. Se estableció una clara división entre la planta baja, destinada al uso diario y a las visitas –en la que se dispuso una zona para los huéspedes–, y el primer piso, de uso estrictamente privado. Una escalera en voladizo sin contrahuella une ambas plantas, y la fachada, casi totalmente de cristal, da prioridad al paisaje. Gracias a la instalación de una enorme puerta de cristal automática, que es a la vez fachada de la planta baja, la zona de estar y el comedor se abren al jardín.

La estructura y los muros de carga son de hormigón, que se ha cubierto de pintura látex mate en el interior. Para los suelos, excepto en los baños, se ha elegido madera de tauarí también mate, la opción más adecuada en una casa tan luminosa.

Location: São Paulo, Brazil | **Date of construction:** 2005 | **Surface Area:** 473 m² | **Photographer:** Arthur Casas
Ubicación: São Paulo, Brasil | **Fecha de realización:** 2005 | **Superficie:** 473 m² | **Fotografía:** Arthur Casas

The interior, cantilever staircase, communicating the two floors is protected by a glass parapet, and offers views of the garden. The abundance of wood reflects the strong presence of the vegetation outside.

La escalera que comunica las dos plantas está protegida por un pretil de cristal y disfruta de vistas al jardín. El predominio de la madera en la vivienda refleja la fuerte influencia de la vegetación exterior en la casa.

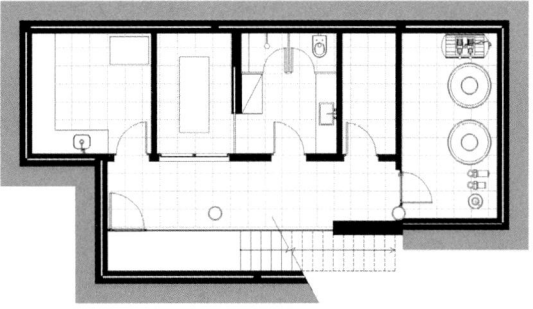

Basement floor

Sótano

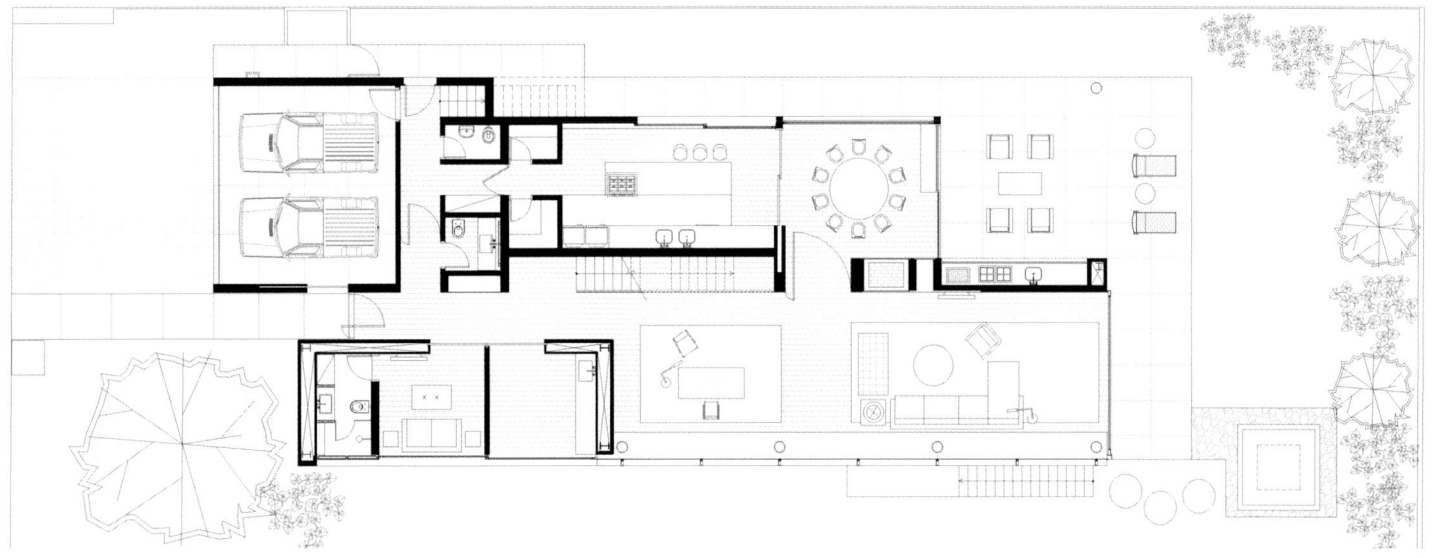

Ground floor

Planta baja

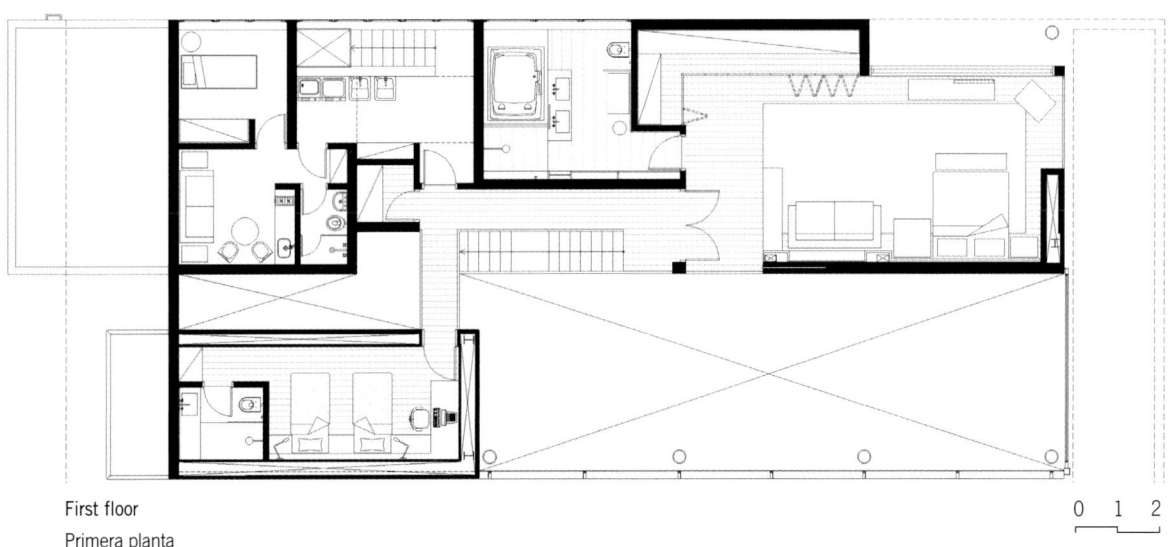

First floor

Primera planta

0   1   2

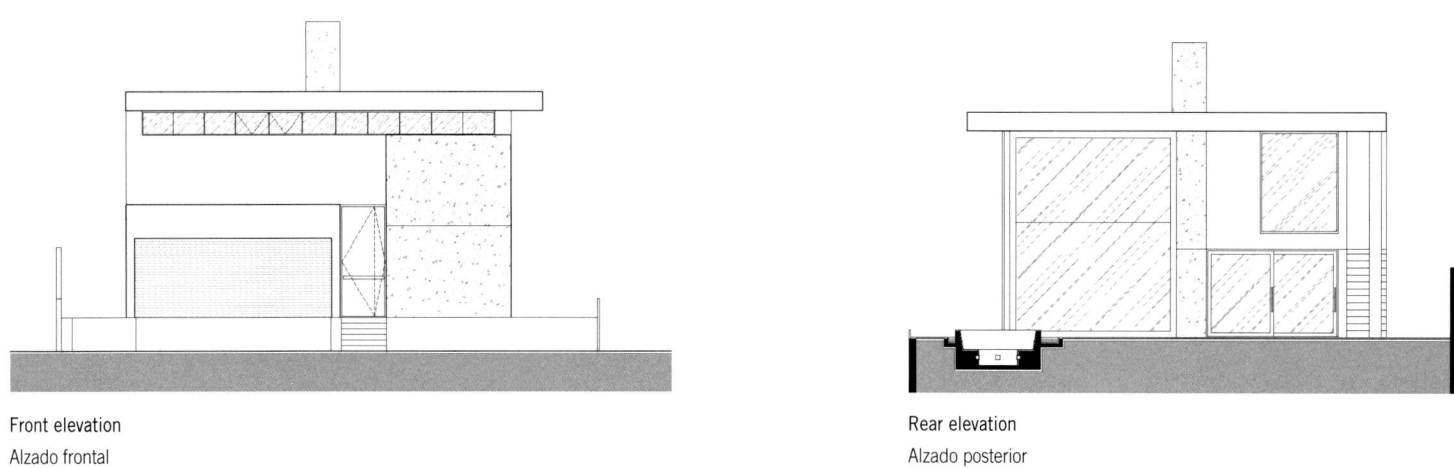

Front elevation
Alzado frontal

Rear elevation
Alzado posterior

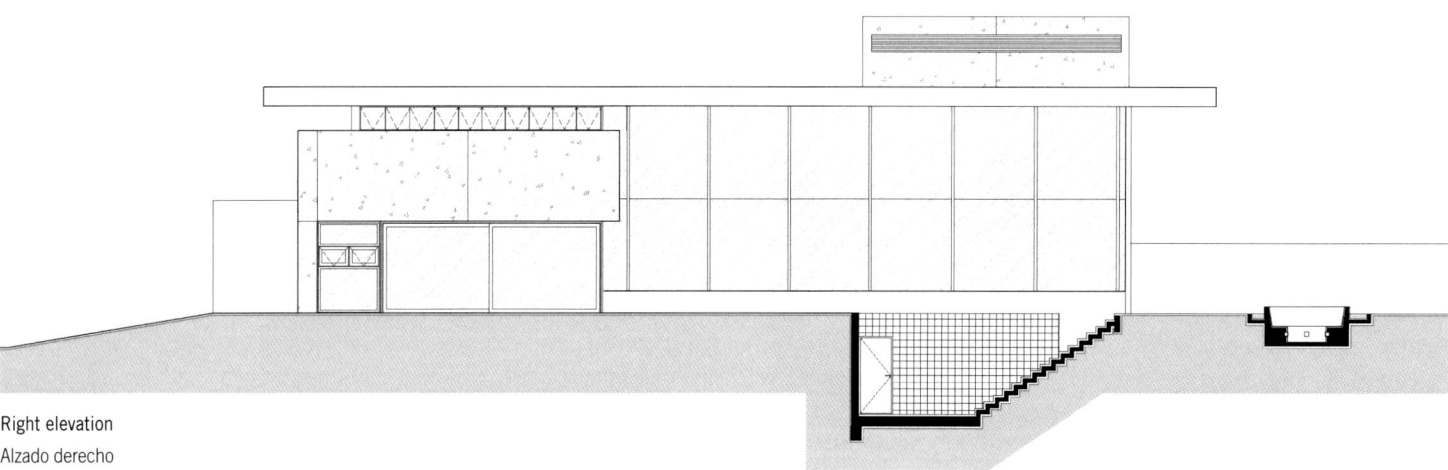

Right elevation
Alzado derecho

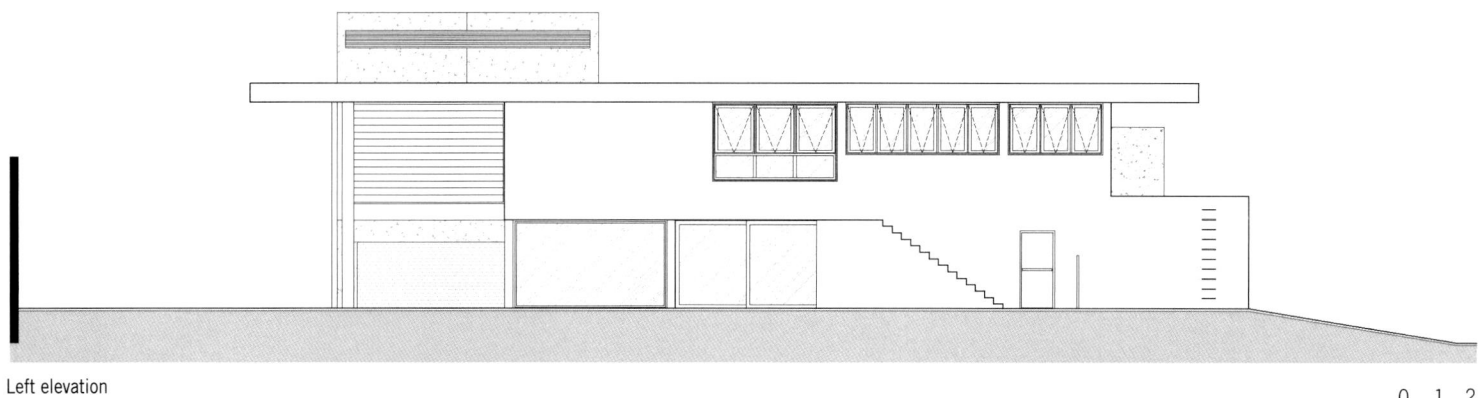

Left elevation
Alzado izquierdo

0 1 2

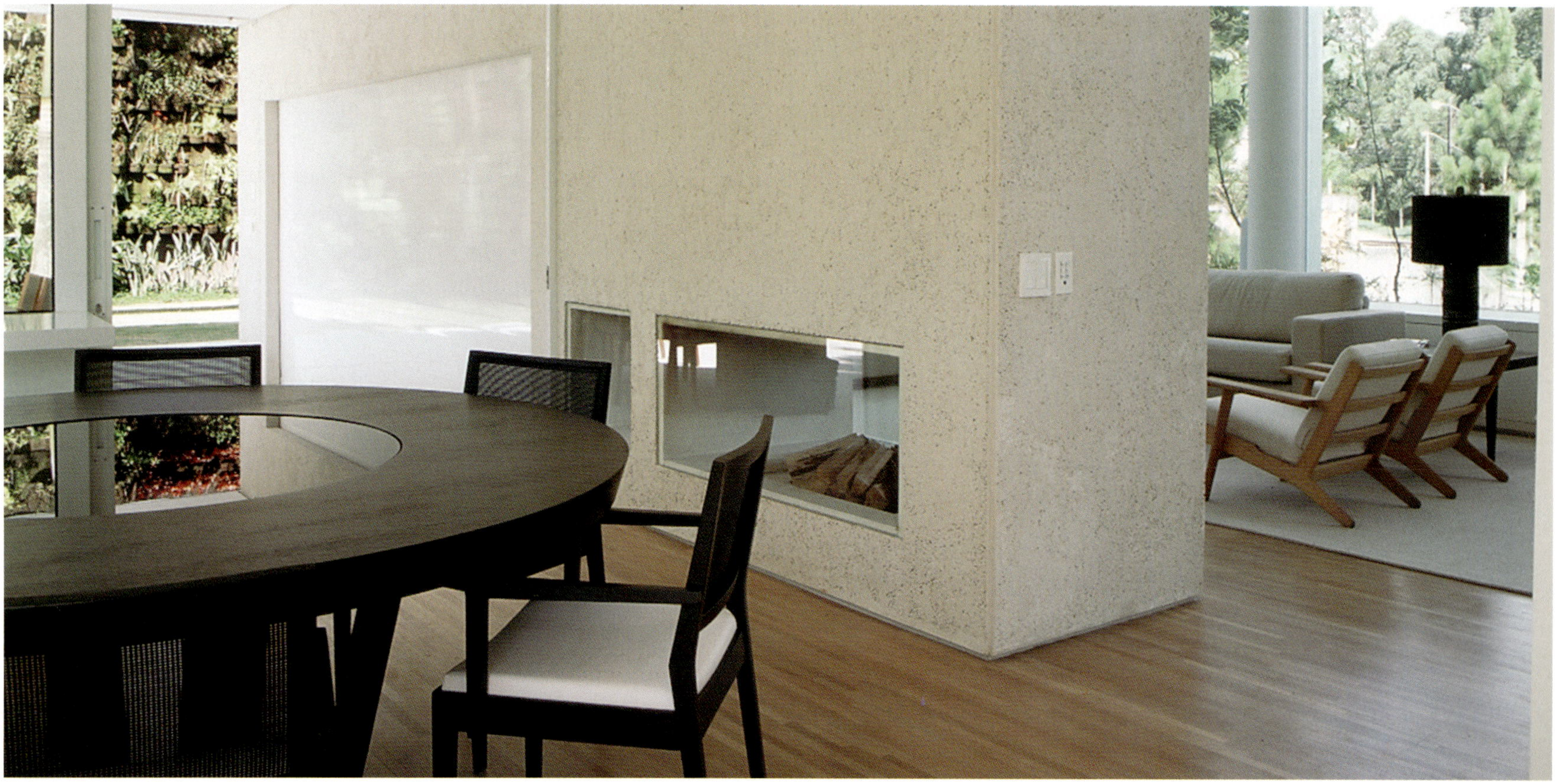

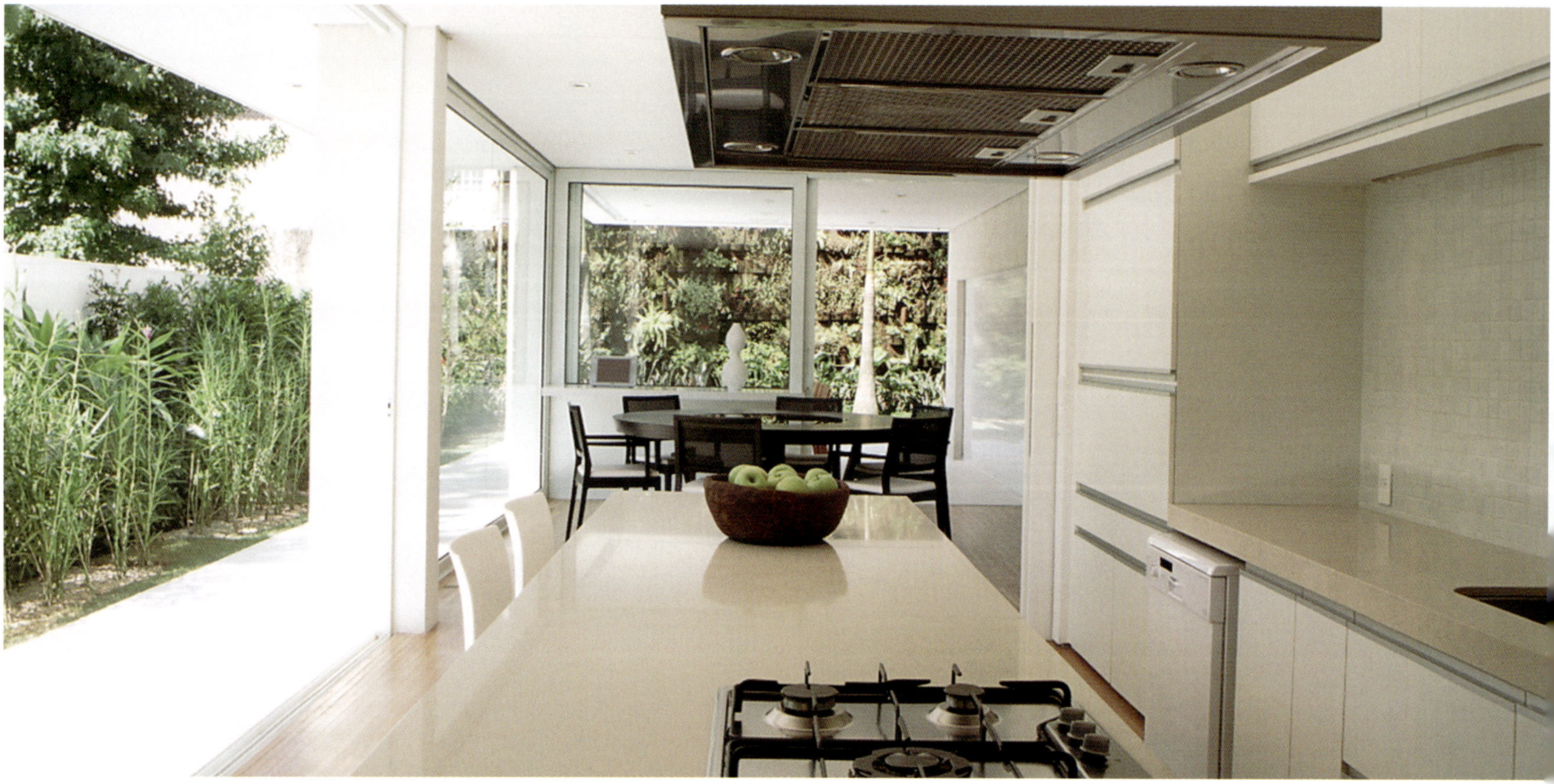

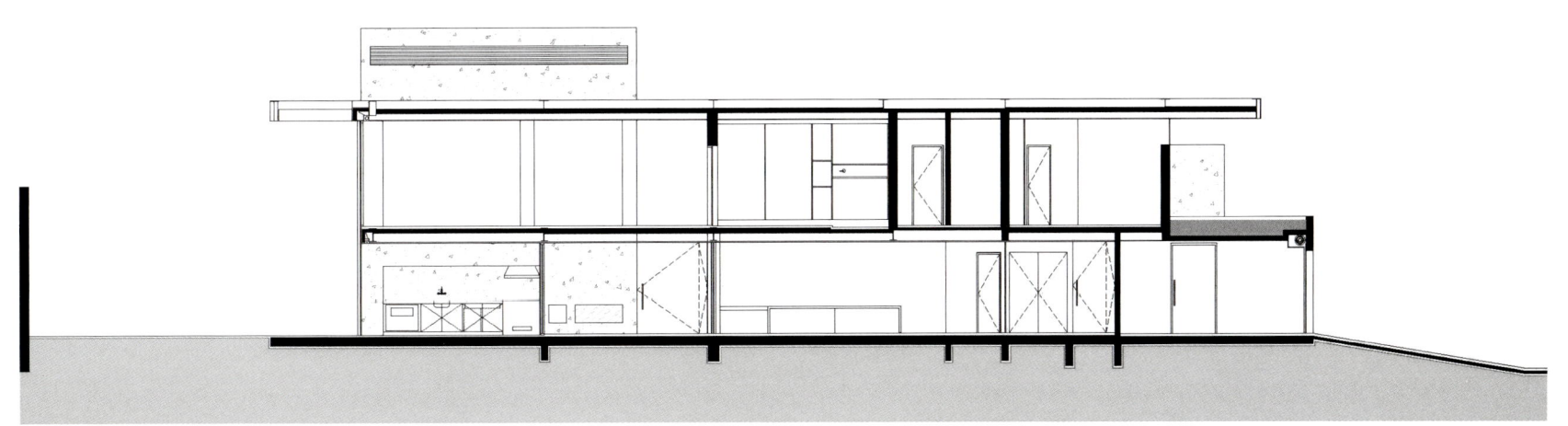

Section
Sección

0   1   2

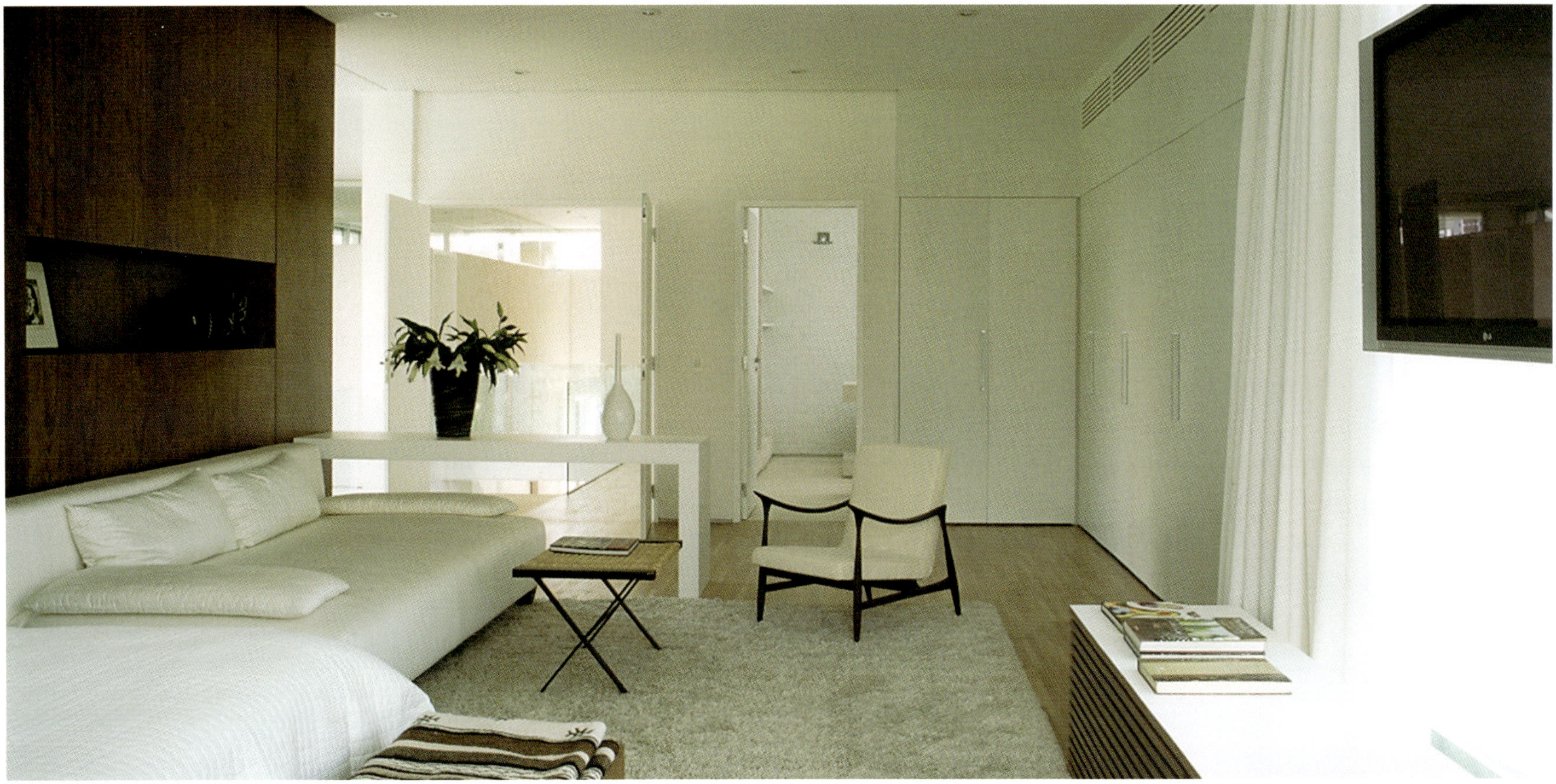

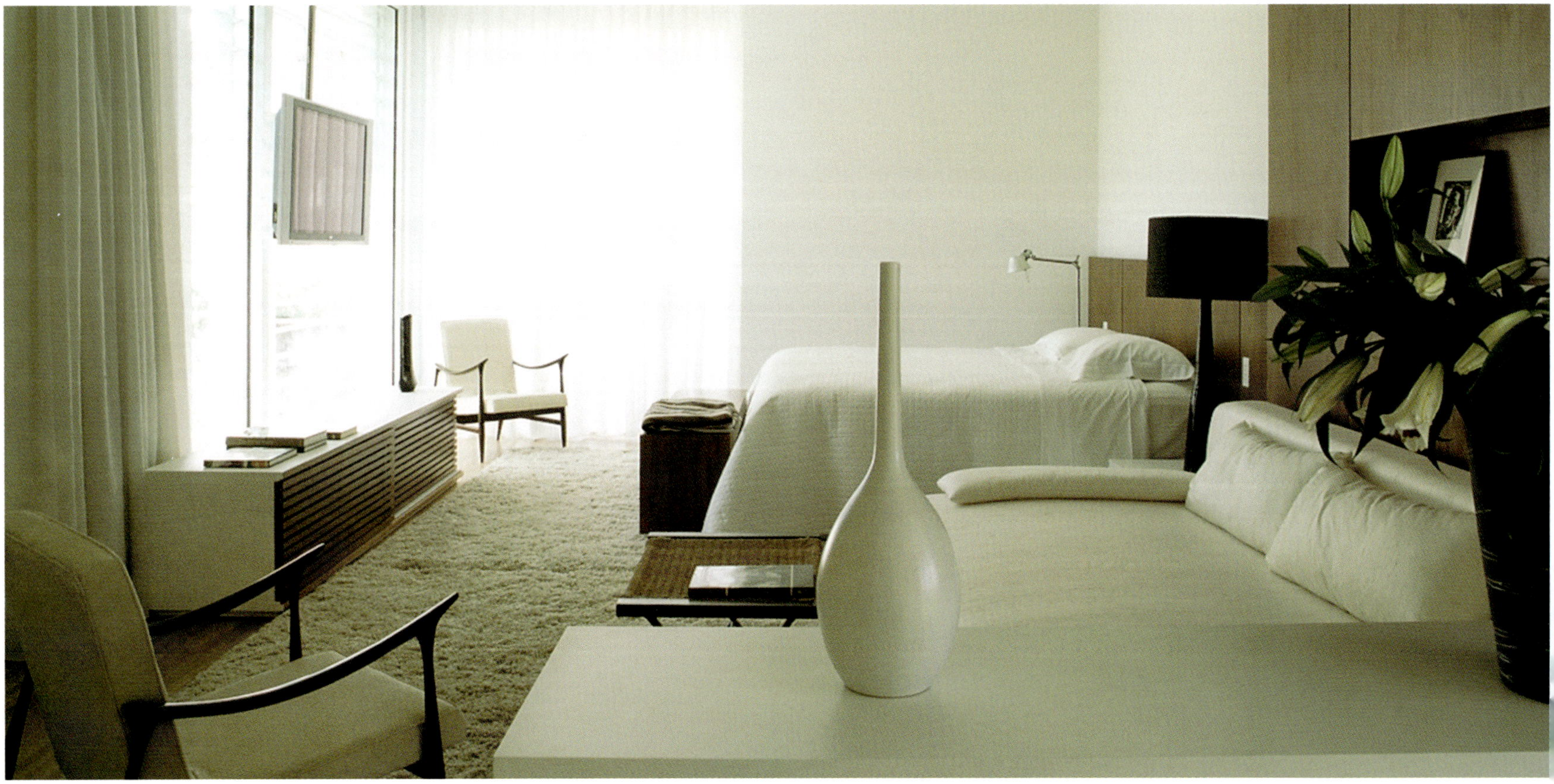

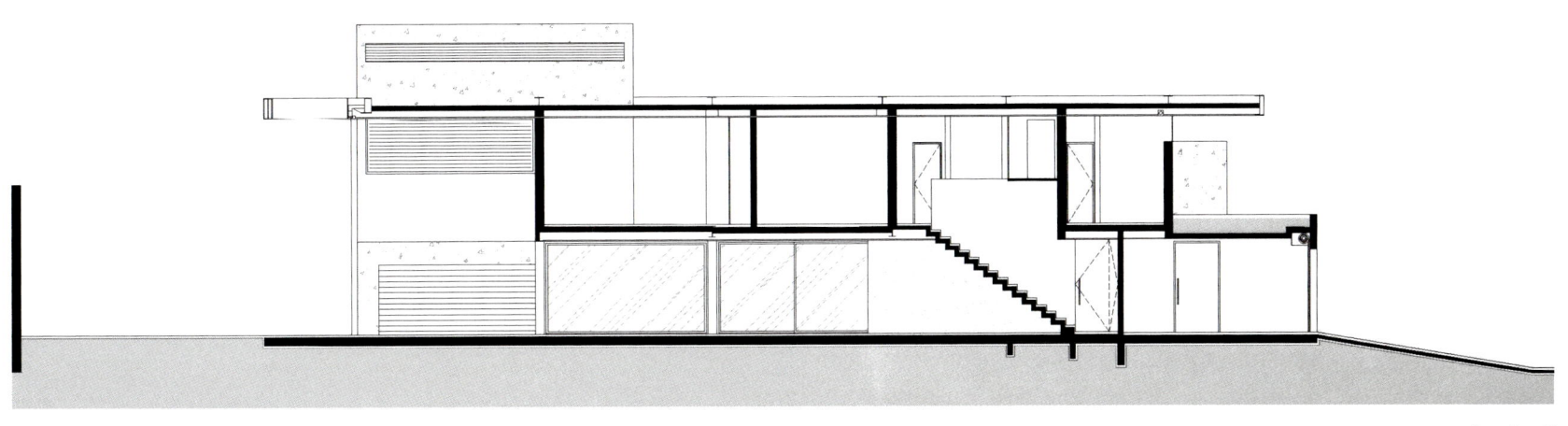

Section

Sección

0 1 2

Villa La Mandria

CARLO DONATI STUDIO

This villa is the result of a complete restructuring that has only left the structural foundations and façades in tact, thereby respecting the area's town planning regulations. The project attempts, through the pureness of the forms and the use of noble materials, to enhance the volumes of the space, establishing a suggestive contrast between simplicity and the natural surroundings where the house is situated.

The new floor has been designed to enhance the starring role played by the main staircase, which, previous to the restoration, was hidden behind a wall. The stairs are accessed via Santafiora stone flooring, used for the whole floor. The iron steps present a contrast to the stone and the structure is protected behind a window, which replaces the banister and is lit from floor level by a row of lighting. This is how a suggestive combination of forms and volumes is produced, finished off by the large, pink, onyx panel cut along the grain, which creates spectacular organic forms.

The new layout implies the use of natural cladding materials with light shades, which unify the different integrated spaces of the kitchen, living areas and dining area. The materials have been chosen in an attempt to enhance certain elements, as part of a harmonious scheme: sand colored Santafiora stone for the floor in the bathroom, Corian and shiny lacquers in maroon for the kitchen surfaces, and glass to create invisible divisions between different areas.

Esta villa es el resultado de una reestructuración completa que solo ha mantenido intacta la cimentación estructural y las fachadas, respetando así la normativa urbanística de la zona. A través de la pureza de formas y de los materiales nobles, el proyecto resalta los volúmenes del espacio y establece un sugerente contraste entre la simplicidad y el entorno natural en el que está situada la casa.

La nueva planta se ha dibujado realzando el protagonismo de la escalera principal, que antes de la intervención estaba oculta detrás de un muro. Se accede a ella a través de tarimas de piedra Santafiora, el mismo material empleado en los suelos. Los escalones de hierro contrastan con la piedra y la estructura queda protegida tras un cristal, que hace de barandilla, y está iluminada a ras de suelo. De este modo, se produce un sugerente juego de formas y volúmenes, rematado por el gran panel de ónice rosa cortado en veta continua, que crea espectaculares formas orgánicas.

La nueva distribución implica el empleo de materiales de revestimiento naturales de tonos claros, que unifican los espacios que integran la cocina, las zonas de estar y el comedor.

Se han elegido los materiales intentando resaltar elementos concretos con cierta armonía: piedra Santafiora de color arena para los suelos y el baño, Corian y lacas brillantes de color burdeos para las superficies de la cocina, y cristal para crear separaciones invisibles entre los ambientes.

Location: Turin, Italy | **Date of construction:** 2005 | **Surface Area:** 360 m² | **Photographer:** Matteo Piazza

Ubicación: Turín, Italia | **Fecha de realización:** 2005 | **Superficie:** 360 m² | **Fotografía:** Matteo Piazza

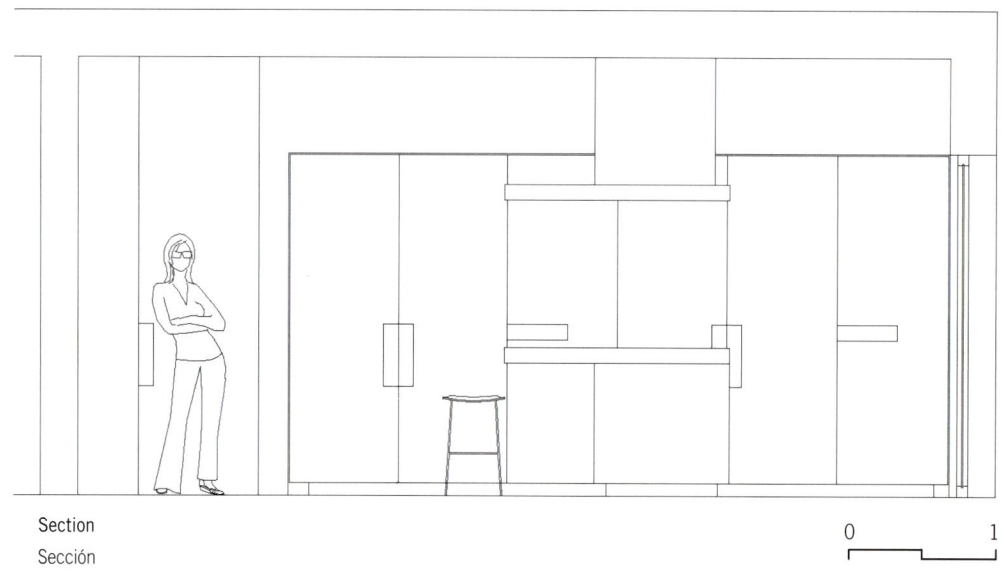

Section

Sección

0   1

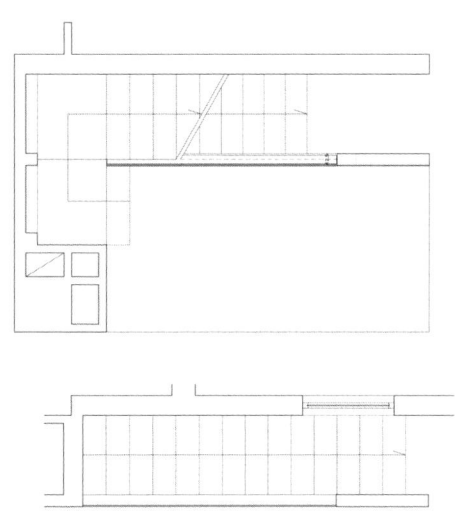
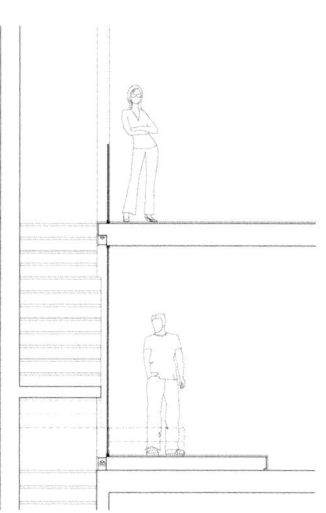
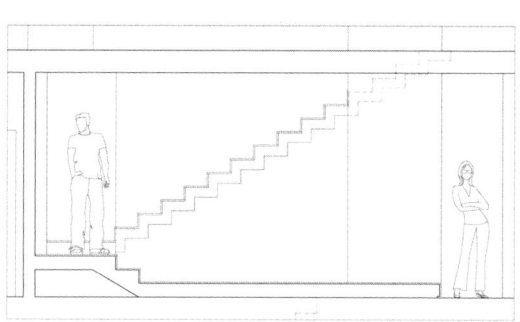
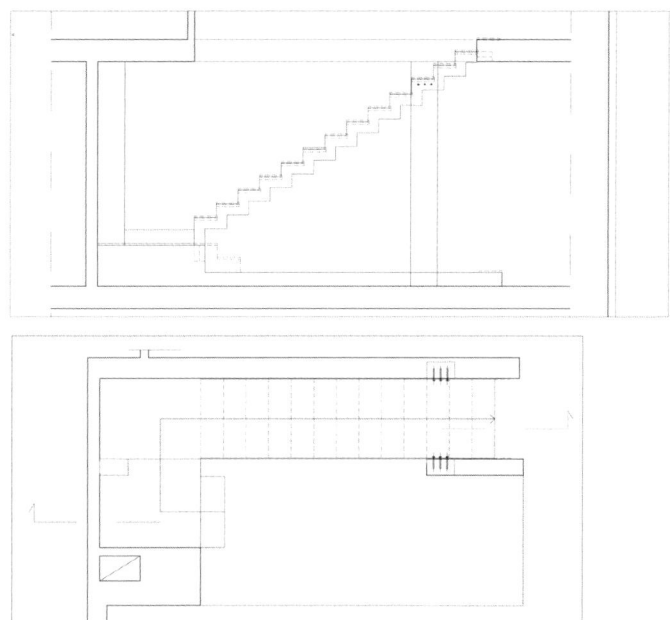
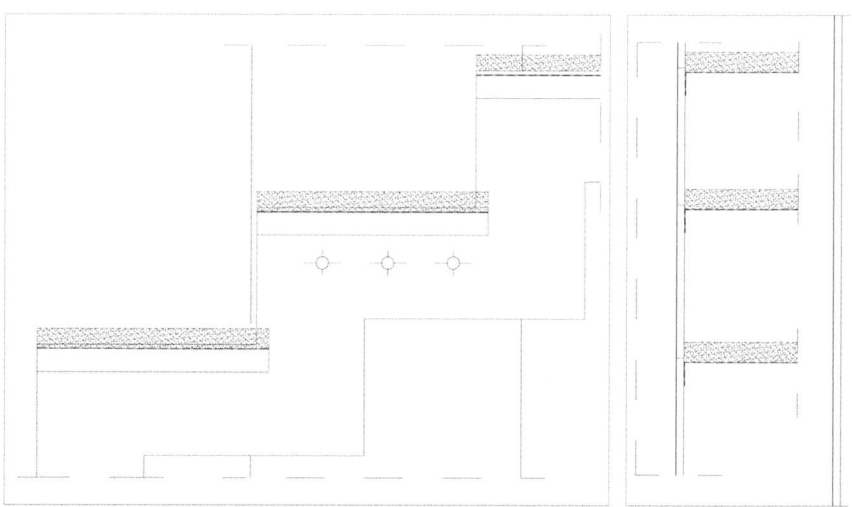

Stair details
Detalles de la escalera

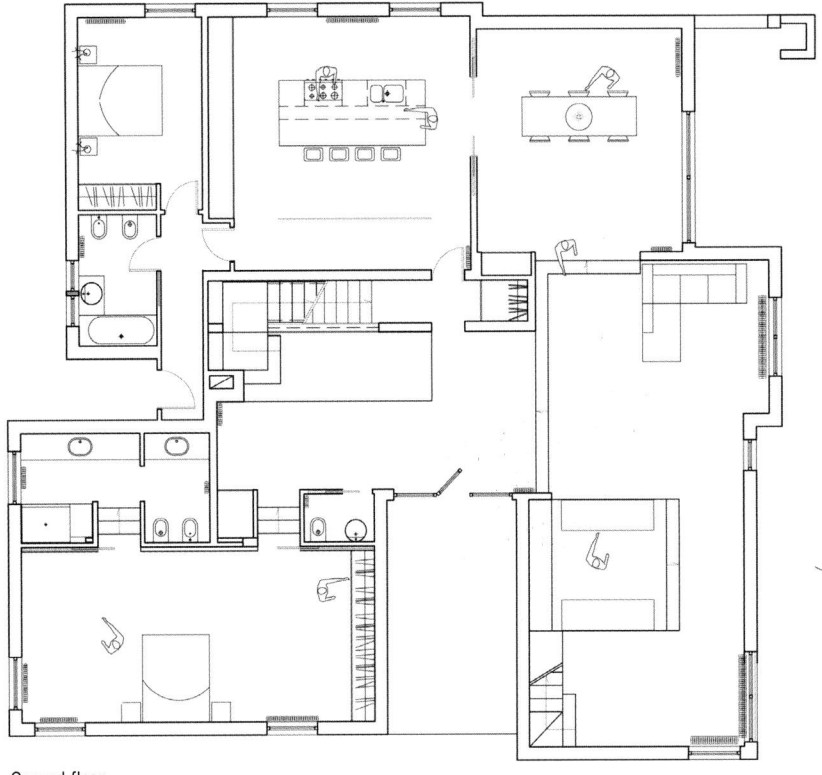

Ground floor

Planta baja

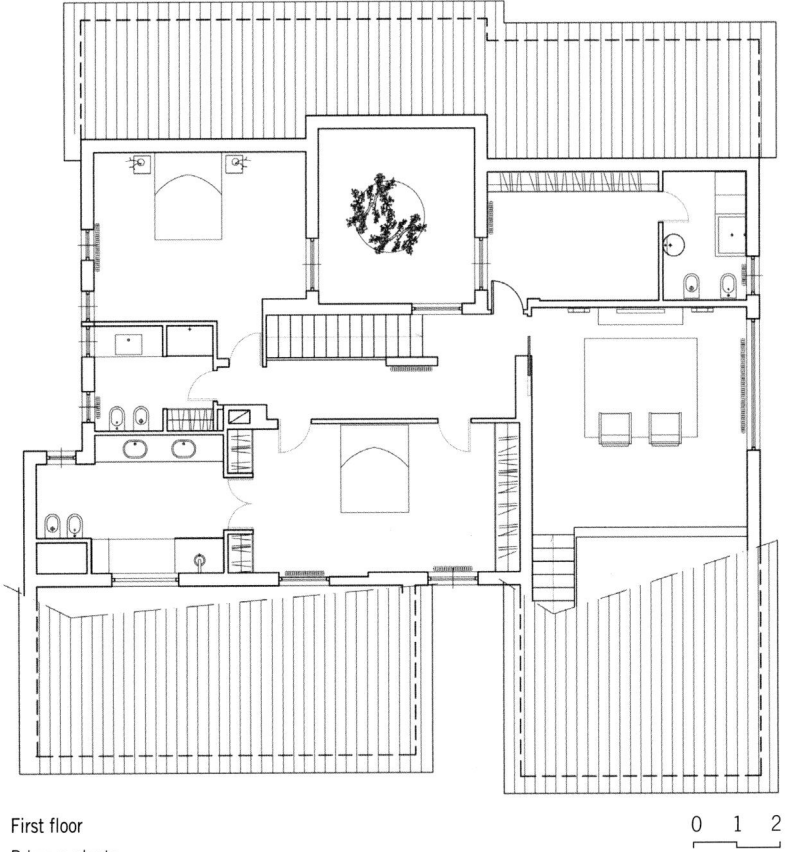

First floor

0 1 2

Primera planta

The same scheme of contrasting materials has been followed on the top floor, in order to achieve clean, shiny surfaces, such as the lacquered black wood of the bedroom furniture, which stands out on the gray stone floor tiles.

El piso superior establece el mismo contraste entre materiales, con superficies límpidas y brillantes, como la madera lacada de negro de los muebles del dormitorio que destaca sobre las baldosas de piedra gris.

Loft in Neveh Tzedek
Casa en Neveh Tzedek

ALEX MEITLIS

Neveh Tzedek is Tel Aviv's oldest neighborhood and one of the most attractive of the city, composed of beautiful 19th century buildings. This two-story building is an old Turkish construction and one of the first homes to be built in Tel Aviv when the Jewish community began to leave the port at Jaffa in the early 20th century.

The height of the ceilings, which form pointed arches in the entranceway is extraordinary, as is the size of the space, interrupted by iron pillars. The U-shaped construction houses a gardened courtyard in the center, which can be appreciated from the interior through large windows with iron frames, which have been left in tact. The objective was to create an open-plan atmosphere, where elements from the past fuse with the new constructions, which has been achieved thanks to the respect paid to the existing space. The untreated cement floors contrast with the radiant white present in the walls and ceilings, liberating the central spaces. In the same way, the surface of the kitchen, converted into an informal dining area at one end, or the work surface of the bathroom form part of the project, since they have been built especially for the place they occupy.

Neveh Tzedek es el barrio más antiguo de Tel Aviv y uno de los mayores atractivos de la ciudad por sus hermosos edificios del siglo XIX. Esta antigua construcción turca de dos plantas es una de las primeras viviendas que se construyeron en Tel Aviv cuando la comunidad judía empezó a salir de la ciudad portuaria de Jaffa a principios del siglo XX. La altura de los techos, que forman arcos ojivales en el recibidor, y la amplitud del espacio, interrumpido por pilares de hierro, son extraordinarias. La construcción, en forma de U, alberga un patio ajardinado en el centro, que se aprecia desde el interior a través de los grandes ventanales con marcos hierro. Se ha creado una atmósfera diáfana, en la que elementos del pasado se funden con la nueva intervención. Los suelos de cemento sin tratar contrastan con el blanco resplandeciente de los muros y techos. Se han diseñado armarios y alacenas de gran capacidad y se han colocado paralelamente a los muros, liberando los espacios centrales. Del mismo modo, la superficie de la cocina, que se convierte en comedor informal en un extremo, o la encimera del baño forman parte del proyecto, ya que han sido construidas a medida.

Location: Tel Aviv, Israel I **Date of construction:** 2003 I **Surface Area:** 450 m² I **Photographer:** Kineret Levy/ KRS Studio
Ubicación: Tel Aviv, Israel I **Fecha de realización:** 2003 I **Superficie:** 450 m² I **Fotografía:** Kineret Levy/ KRS Studio

The wooden pieces of furniture in the kitchen and bathroom, and the dining table, have been made to measure. The shiny white laminate of the wood multiplies the effect of the light, contrasting with the gray stone floor.

Los muebles de carpintería de la cocina y del baño, y la mesa redonda del comedor, se han construido a medida. El laminado blanco brillante de la madera multiplica el efecto de la luz y contrasta con la piedra gris.

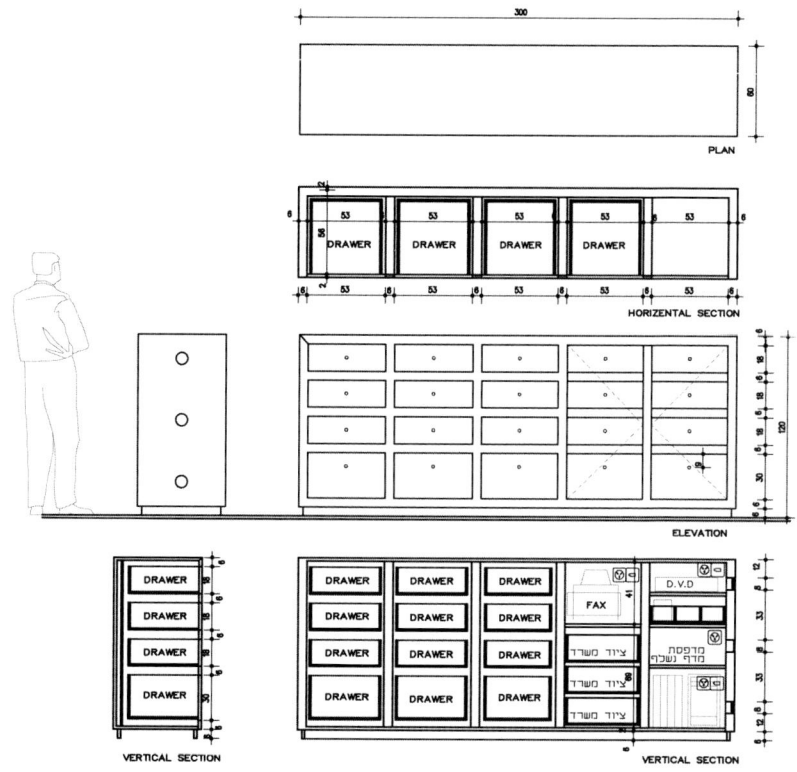

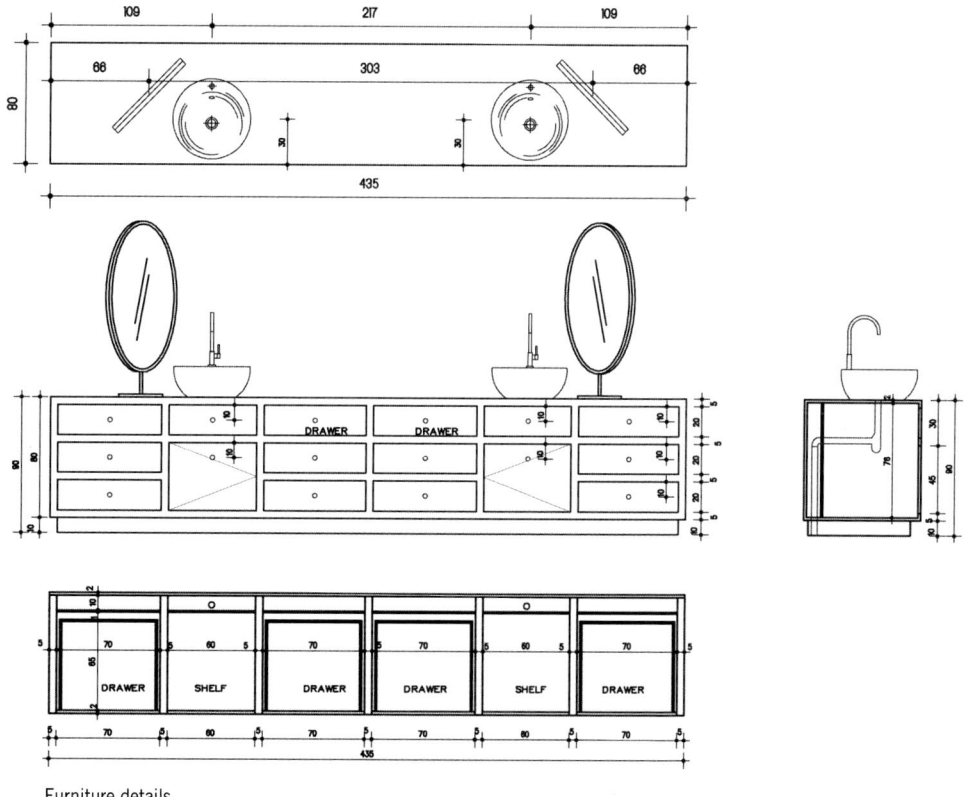

Furniture details

Detalles del mobiliario

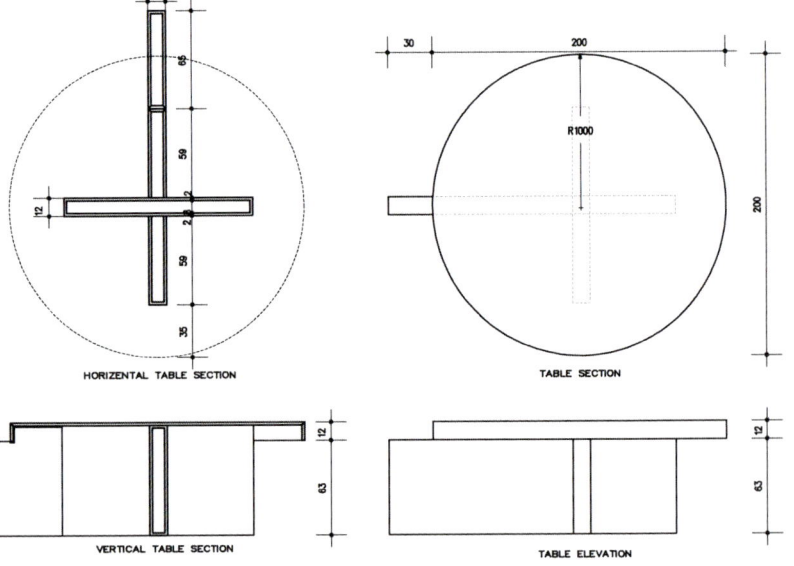

HORIZENTAL TABLE SECTION

TABLE SECTION

VERTICAL TABLE SECTION

TABLE ELEVATION

Table details
Detalles de la mesa

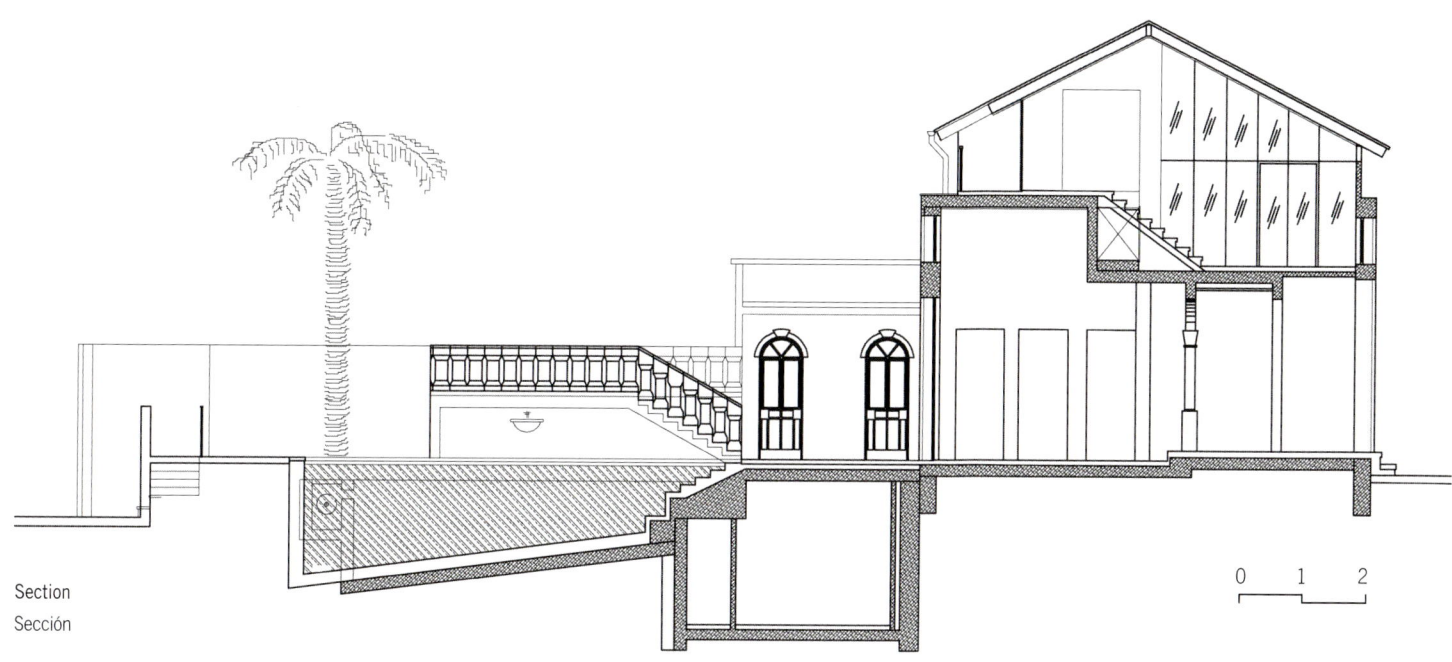

Section

Sección

0   1   2

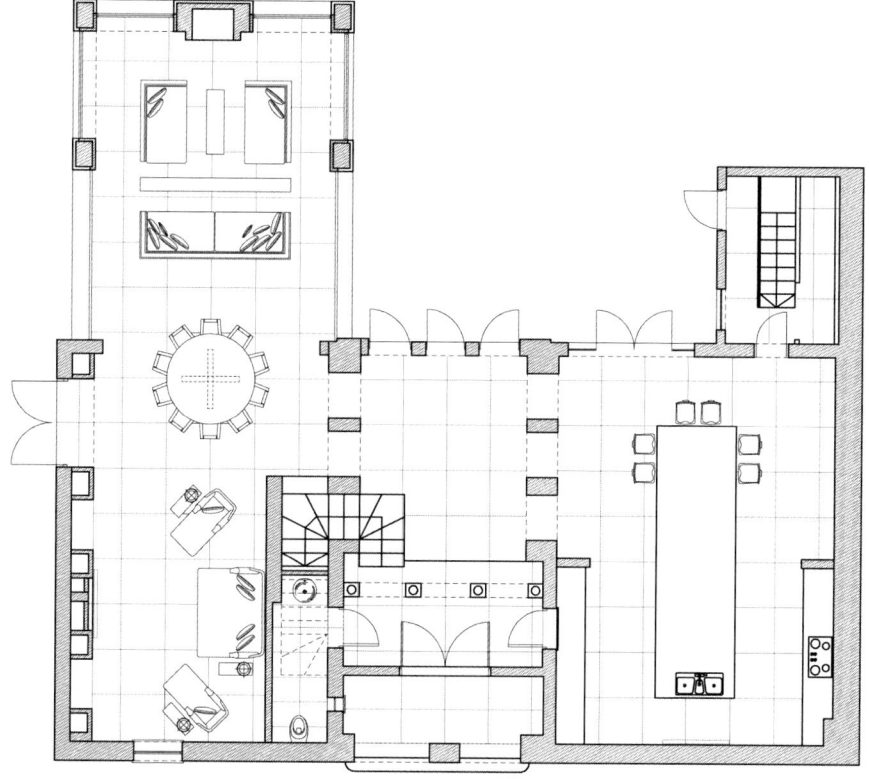

Ground floor

Planta baja

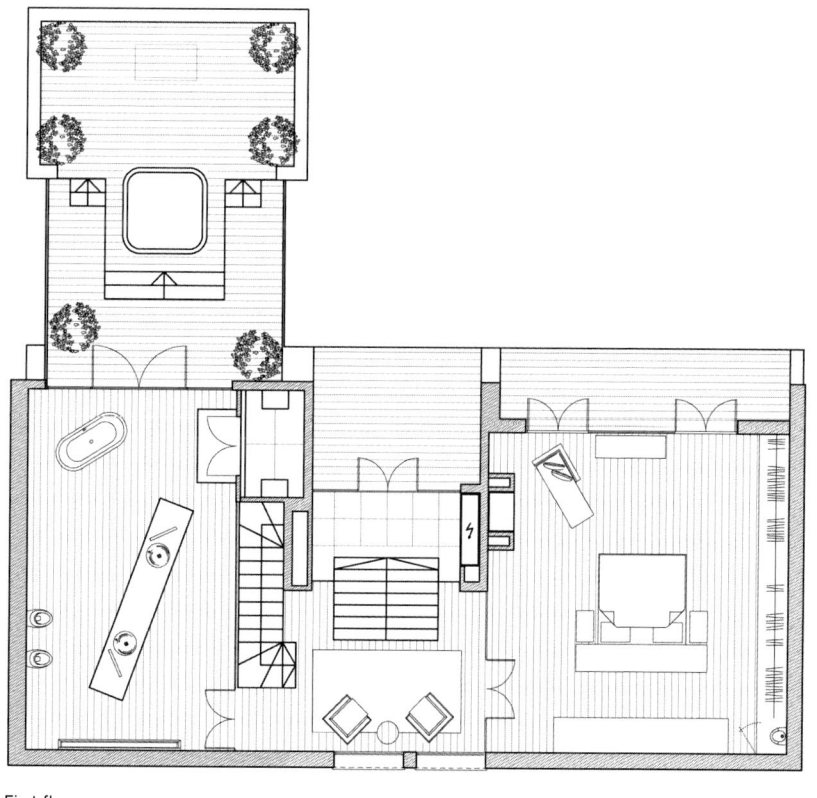

First floor

Primera planta

0   1   2